내가 지금
이럴 때가
아닌데

내가 지금
이럴 때가
아닌데

자립과 의존의 심리학

가토 다이조 지음 | 이정환 옮김 | 이재삼 그림

나무생각 힐링

사람들은 빈약한 자아를 보완하고자
나르시시즘적 과대망상을 통해 자신의 열등감을 보상받으려고 한다.
자신의 완벽함을 위해 무능력, 오점, 비열함, 불완전 등을
다른 사람에게 투영시킨다.
자신의 둘레에 보이지 않는 견고한 담을 쌓고,
다른 사람을 악마로 만들어 그에게 자신의 오물을 모두 던져버리는 것이다.

– 에리히 프롬

평소 성실한 성격이고 일도 열심히 하는 사람일지라도 '마음의 지주'가 갖추어져 있지 않은 사람은 항상 초조해한다. 아름다운 경치를 바라보거나 한적하고 여유로운 시골길을 걸으면서도 "내가 지금 이럴 때가 아닌데……." 하고 안절부절못한다. 피곤해하면서도 마음을 놓고 편안히 쉬지 못한다.

어디 그뿐인가? 아름다운 무지개를 보아도 만족하지 못하고, 즐거운 일이 생겨도 현재의 즐거움을 누리기보다 미래에 더 즐거운 일이 일어나기를 기대하며 쓸데없이 한숨을 내쉰다. 어떤 상황에서도 지금보다 더 나아지기만을 기대하기 때문에, 현재를 충실하고 풍요롭게 살지 못한다.

마음의 지주가 없는 사람은 지금 하고 있는 일에 의미를 두지 않는 불만스런 삶을 계속 살아간다. 아무리 꾸준하고 부지런한 사람이라고 해도 지금 하는 일에서 만족을 얻지 못하면 어느 순간 완전히 연소되고 만다. 연기처럼 자기의 존재성存在性을 잃어버리는 것이다.

마음의 지주가 없는 사람에게는 현재가 존재하지 않는다. 대학 합격만을 위해 공부하는 수험생처럼 살고 있기 때문에 현재의 삶에는 아무런 의미를 부여하지 못한다. 시간을 낭비하는 것이 싫어 몸을 혹사하고, 무슨 일을 하든지 지나치다 싶을 만큼 열심히 하는 경향을 보인다.

이런 사람은 모든 관심이 지금보다 많은 성과를 올리는 데에만 쏠려 있는 '실적 지향형' 사람이다. 지금 하고 있는 일이 즉각적인 실적이나 성과와 연결되지 않으면 불안해하고 초조해한다.

아무리 아름다운 계절이라고 해도 그 아름다움을 맛볼 여유가 없다. 예를 들어, 지금 눈앞에 펼쳐져 있는 아름다운 봄꽃들을 즐기지 못한다. 늦가을에는 형형색색의 단풍이 산과 들을 가득 메워 멋진 분위기를 연출하지만, 그 눈부신 절경을 즐길 줄 모른다.

지금까지 최선을 다해 열심히 달려왔으면서도 그에 대한 보람을 느낄 줄 모르는 것이다. 눈앞의 아름다운 봄꽃이나 단풍도 자신이 열심히 살아왔기에 누릴 수 있는 것인데, 그것에 만족을 느끼는 대신 더 많은 실적을 올리지 못했다는 데에 집착하며 초조해하는 것이다. 항상 이루어놓은 것에 보람과 만족을 느끼기보다는 더 많은 이익을 올릴 수 있는 일을 하고 있지 않다는 데에 더 신경이 쓰인다. 따라서 안정을 누리지 못하고 늘 불안해한다.

이들의 또 한 가지 특징은 언제나 즉각적인 성과를 바란다는 것이다. 눈에 보이는 실적이나 성과로 마음을 지탱하고 있기 때문에 기다리지 못한다. 마음속에 여유가 없다. 당장 자신의 존재감을 드러내고, 그 자리에서 칭찬받기를 원한다. '가치 달성적' 성향 때문이다. 가치 달성형 사람이 생각하는 삶의 가치는 실적을 올리는 것뿐이다. 실적이 마음을 지탱해 주고 있기 때문에 실적을 올리는 데에만 집착한다. 실적이 낮다면 그 실패에 얽매여 우울한 기분에 사로잡히고 살아갈 기력을 잃어버린다. 지금 하는 일이 성과와 연결되지 않으면 의미가 없다고 여기기 때문에 늘 초조해하고 불안해하며, 실적이 오르지 않으면 몇 배로 무기력해지는 것이다. 그리고 항상 거대한 성과, 만루 홈런을 기대한다.

사람은 즐거운 일을 할 때 에너지가 끓어오른다. 어려운 점이 있어도 어떻게든 헤쳐 나가겠다는 강한 에너지가 샘솟는다. 하지만 마음의 지주가 없는 사람에게는 그런 에너지가 없다. 문제를 해결할 의지가 없기 때문에 인생이 즐겁지 않고, 지금 하고 있는 일도 전혀 즐겁지 않다.

이들은 자신을 받쳐줄 마음의 지주가 없기 때문에 한 번 쓰러지면 다시는 일어나지 못한다. 문제가 생겨도 불평만 한없이 늘어놓고 해결할 의지를 보이지 않는다. 상대방의 말에 귀를 기울이려는 의지도 없다. 10년이 지나도 매번 같은 말만 되풀이하고, 똑같은 핑계를 댄다.

인생을 살아가는 데에 진정으로 필요한 것은 내 스스로를 든든히 받쳐주는 '마음의 지주'다. 이와 관련해 미국의 저명한 정신과 의사 조지 웨인버그George Weinberg는 '덧없는 인생'을 체험하는 것 자체가 중요하다고 말했다. 마음의 지주는 현재를 소중하게 여기는 데서 얻을 수 있다는 의미다.

최근 언론에서 자주 다루어지는 우울증 환자들에게는 마음의 지주가 없다. 마음의 지주가 없는 사람은 아침에 일어나도 불안하고 밤에 잠이 들 때에도 불안하다. 한밤중에 잠에서 깨어나도 역시 불안하다. 늘 불안감에 시달리며 단 한순간도 그 불안감을 떨쳐버리지 못한다. 이 책은 이러한 막연한 불안감에 사로잡혀 고통 받는 사람들의 문제를 해결하기 위해 썼다.

그렇다면 마음의 지주가 있는 사람은 어떤 사람일까?

마음의 지주가 제대로 갖추어져 있는 사람은 자신의 현재 상태에 집중하는 삶을 살아간다. 즉각적인 실적이나 눈에 보이는 성과만을 바라는 초조한 심리는 없다. 만루 홈런을 기대하지도 않는다. 꾸준하게 1점씩 단계적으로 얻기 위해 1루라도 더 진출할 수 있는 방법을 생각한다.

마음의 지주가 있는 사람들은 어떤 상황에서도 포기하지 않는다. 또 본인에게 부족한 부분에 대해 생각할 때 비관하고 한숨을 내쉬기보다는 그 부분을 보완하기 위해 생각하고 노력하는 데에서 삶의 의미를 가진다.

보람은 중첩되어 차곡차곡 쌓이는 과정을 거쳐 비로소 완성된다. 따라서 하나하나 문제를 해결하는 과정을 거쳐야 인생의 진정한 의미를 찾을 수 있다.

마음의 지주가 갖추어져 있으면 아무리 힘이 들어도 또 다른 즐거움을 발견하고 느낄 수 있기 때문에 "어떻게든 이 난관을 헤쳐 나가자." 하는 강한 에너지가 끓어오른다. 이런 사람이 노력하는 낙관주의자다.

마음의 지주가 있는 사람은 즐거움을 맛볼 수 있다. 문제를 해결하려는 적극적인 의지가 있기 때문에 회피하거나 속이려 들지 않고, 순수함을 유지할 수 있으며, 자신의 잘못을 인정할 줄도 안다. 나르시시스트Narcissist: 자기애자가 아니기 때문에 다른 사람에게도 관심을 가지고 사랑할 줄 안다.

또 마음의 지주가 있는 사람은 일에 지치면 휴식을 취할 줄 안다. 지는 해를 바라보고 그 풍경에 만족을 느끼며, 더 이상을 바라지 않는다. 저녁노을을 바라보면서 자기도 모르게 두 손을 모으고 감사하는 마음을 전할 때도 있다. 작은 행복을 알고 있기 때문에 오늘 하루를 건강하게 살 수 있었다는 데에 만족한다. 이들은 '욕구 달성형'에 해당하는 사람이다. 이런 사람들은 지금 하고 있는 일에서 만족을 얻을 줄 안다.

자, 나는 마음의 지주가 바로 세워진 사람인지, 아니면 그 반대인지 생각해 보았는가? 이 책을 통해 행복한 하루하루를 맞이하기 위한 자신만의 마음의 지주를 꼭 발견하기를 바란다.

| 차례 |

3장 원점을 직시하는 용기가 필요하다

7장 나는 나로서 살아간다

마음의 지주가 없으면 살 수 없다

우리는 힘든 시간을 겪을 때, 앞으로 이보다 더 고통스러운 일은 없을 것이라고 생각한다. 하지만 그 직후에 더 고통스러운 일이 발생하기도 한다. 한 고비를 넘은 다음에는 다행이라고 안도의 숨을 몰아쉬고, 앞으로는 평온한 인생이 펼쳐질 것이라고 생각한다. 그러나 바로 앞에 더 큰 곤경이 기다리고 있다면? 몇 가지 시련을 뛰어넘었다고 해서 그것으로 인생의 모든 시련이 끝나고 평온한 삶만 이어지는 것은 아니다.

인생에서는 어떤 일이 발생할지 전혀 예상할 수 없다. '전혀 예상하지 못했던' 일들이 끊임없이 발생한다. 혹독한 경험을 하고, 다시는 그런 일이 발생하지 않을 것이라고 생각하지만 세상은 그렇게 만만치 않다. 어김없이 비슷한 일이 다시 발생하고 우리를 다시 고통 속으로 몰아넣는다. 인생에서 '이제부터 안심'이라는 시기는 존재하지 않는다. 차라리 '관 뚜껑이 닫힐 때까지 시련의 연속'이라고 생각하는 쪽이 편하다.

시련이 발생하면 미래를 믿어야 한다. 동쪽에서 떠오른 태양이 저녁에는 서쪽으로 기울듯 시련 역시 반드시 끝이 있음을 믿어야 한다. 누구의 인생에나 반드시 시련이 있다. 하지만 시련은 반드시 끝이 있게 마련이다.

자신의 성을 지상에 구축하려는 사람은 불행하지만 마음에 구축하려는 사람은 행복하다. 단, 어떤 사람에게는 마음속에 성을 구축하는 것이 지상에 구축하는 것보다 훨씬 힘들 수 있다. 마음속에 자신의 성을 구축한 사람은 긍정적 사고 덕분에 시련과 변화를 두려워하지 않는다. 하지만 자신감이 없는 사람은 작은 변화도 두렵게 느낀다. 우울증 환자처럼 마음의 질병을 앓고 있는 사람은 이런 자신감을 가질 수 없기 때문에 시련과 변화를 두려워한다.

인생의 시련은 돈으로도, 권력으로도, 명성으로도 극복할 수 없다. 돈으로 극복할 수 있다면 큰 재산을 가진 사람은 지금보다 훨씬 더 행복할 것이다. 권력으로 극복할 수 있다면 사회적으로 성공한 정치가가 불행해지는 일은 없다. 명성으로 극복할 수 있다면 노벨상을 받은 사람이 자살하는 일은 일어나지 않는다.

마음은 다른 사람들의 평가로 지탱되는 것이 아니다. 남의 눈을 잠깐 속이는 방식으로는 인생의 시련을 극복할 수 없다. 에리히 프롬Erich Fromm 의 말처럼 어린아이만 무력한 것이 아니라 성인도 무력하다. 누구나 처음에는 무력하다. 성인도 어린아이와 마찬가지로 '확실성과 방어와 애정을 부여해 주는 힘'을 강하게 요구한다. 불안하기 때문에 확실한 것을 추구하고 자신을 방어하려고 한다. 처음부터 안심하며 인생을 살아가는 사람은 없다. 누구나 의지할 곳을 원하고 누구나 도움을 바란다. 겉으로 강해 보이는 사람도 마음속으로는 마찬가지로 겁을 먹고 있다.

"확실성과 방어와 애정을 부여해 주는 힘을 강렬하게 바라는 것은 인간의 가장 근본적인 욕망이다." [1]

사실 사람들이 가장 강렬하게 바라는 것은 '마음의 지주'다. 에리히 프롬이 '확실성과 방어와 애정을 부여해 주는 힘'이라고 말하는 것이 바로 마음의 지주다. 인간이라는 존재 자체가 무력하고 불안하기 때문이다.

잘못된 '마음의 지주'를 선택하는 경우도 있다. 그것이 없이는 살아갈 수 없다고 믿기 때문에 집착하고 손에 넣으려고 한다. 초조하기 때문에 잘못된 대상을 마음의 지주로 여기고, 손에 넣기 위해 최선을 다한다.

이런 사람에게 "당신이 가지고 있는 마음의 지주는 잘못된 것"이라고 말해주어도 듣지 않는다. 그것이 없이는 살아갈 수 없기 때문에 '잘못된 것'이라는 사실을 인정하지 않는다.

건강을 해치면서까지 권력이나 명성을 바라는 이유는 그것들을 마음의 지주로 삼았기 때문이다. 권력이나 명성이 중요하지 않다면 사람들이 출세 경쟁에서 승리를 쟁취하기 위해 그렇게까지 열심히 노력하지는 않을 것이다. 미국에서는 '엘리트 계급Best and Brightest'이라고 불리는 사람들이 헤로인 과다 복용으로 사망에 이르는 일이 종종 화제가 된다. '엘리트 계급'이라고 불리는 것이 마음의 지주는 되지 못한다는 의미다.

"일이 잘 풀리지 않을 때 당신은 스스로 의욕을 불러일으키기 위해 무엇을 합니까?" 하는 질문으로 설문조사를 한 적이 있다. 텔레비전 시청, 영화 관람, 춤추기 등의 오락이 가장 많은 15%를 차지했다. 그다음은 11%로 세 가지가 나열되었는데 요리, 정원 가꾸기, 가사였다. 그다음은 그림 그리기, 노래 부르기 등의 창조적 활동이고, 그다음은 종교적인 활동이다. 친구를 만나는 등의 친목이 10%이고, 스포츠가 9%, 음주가 6%, 쇼핑이 3%였다.

조사에 의하면 술을 마시거나 쇼핑을 하는 것보다 종교적인 행위가 의욕을 불러일으키는 방법이라는 것을 알 수 있다. 물론 신앙은 마음의 지주로서 사람들에게 매우 중요한 영향을 끼친다. 그러나 유감스럽게도 현재를 살고 있는 우리에게는 마음의 지주로 의지할 수 있는 마땅한 종교가 없다. 이 책을 통해 종교를 대신할 만한, 혹은 그보다 더욱 근본적인 마음의 지주를 발견하기 바란다.

1장

나는 왜
자립하지 못하는가

사람은 태어나는 순간부터 독립을 원하는 경향과
보호와 의존을 추구하는 경향이 있다.

− 에리히 프롬

명성과 권력에
집착한다

에리히 프롬은 "지그문트 프로이트Sigmund Freud 의 '어머니에 대한 애착' 이론은 정신과학에 가장 큰 영향을 끼친 이론 중의 하나다."라고 하면서 다음과 같이 덧붙였다.

"프로이트가 관찰한 유아기의 어머니에 대한 애착에는 강렬한 에너지가 담겨 있다. 일반 사람들은 이 애착을 완전히 극복하기 어렵다. 우리는 어머니에 대한 애착에 담긴 에너지 때문에 남녀 관계에서도 남성적 능력이 손상된다는 사실을 관찰할 수 있다. 다시 말해서, 독립성은 약화되고 그의 의식적 목표와 억압된 근친상간적 애착과의 갈등이 다양한 신경증적 갈등과 병리적 징후로 나타나는 것이다."[2]

남자들의 명성, 권력, 재산 등에 대한 집착은 때로 엄청난 에너지로 발휘되는 경우가 있다. 그 에너지는 '어머니에 대한 애착'에서

비롯된 것이다.

　유아기에 충족되지 못했던 어머니에 대한 애착은 사회적 지위, 영향력, 돈에 대한 집착으로 나타난다. 많은 사람들이 이를 얻기 위해 엄청난 에너지를 소비하고 집착한다. 회사 안에서의 엘리트 경쟁에 에너지를 소모하는 사람을 보고 한심하다고 생각하는 사람도 있지만, 그들의 입장에서는 마음의 지주를 얻기 위한 필사적인 싸움을 하는 것이다.

　출세를 위한 이 엄청난 에너지가 바로 어머니에 대한 애착에 내포되어 있는 강렬한 에너지다. 본래는 유아기에 어머니와의 정상적인 애착 관계에서 마음의 지주가 될 기반을 구축해야 하지만 그렇지 못했기 때문에 늘 불안하다. 그래서 그 에너지가 마음의 지주를 대신할 수 있는 '지위'나 '돈'을 얻기 위한 에너지로 바뀐 것이다. 어머니에 대한 애착이 충족되어야 비로소 마음의 지주가 갖추어지는데, 모든 사람이 애착 관계에 있어서 충족되어 있는 것은 아니다. 아니, 충족되지 않는 사람 쪽이 훨씬 많다.

　그 때문에 세상에는 마음의 지주를 갖추지 못한 사람이 압도적으로 많고 그것을 대신할 수 있는 명성, 권력, 재산 등에 집착하는 사람이 많은 것이다. 그 반대로 그것을 얻을 수 없기 때문에 무기력, 무관심, 무책임한 사람도 많다.

　미국의 저명한 정신과 의사 조지 웨인버그의 저서에 "명성을 원하는 사람은 곧 사랑을 원하는 것이다."라는 말이 있다. 마음의 지주는 어머니와의 관계에서 구축되어야 하는데 그렇지 못했기 때문에 명성을 마음의 지주로 삼기 위해 건강을 해치면서까지 노력한다는 것이다. 만약 유아기에 어머니의 사랑을 충분히 만끽했다면 그렇게까지 명성에 집착하지는 않을 것이다.

자신의 건강을 해치면서까지 명성이나 권력을 얻으려 하는 사람은 그야말로 필사적으로 마음의 지주를 원하고 있는 것이다.

인간이 건강을 해치면서까지 바랄 가치가 있는 것은 마음의 지주뿐이다. 그래서 우리 사회에는 높은 지위를 바라며 사력을 다하는 사람들이 많이 존재하는 것이고, 원하는 지위를 얻지 못해 무기력해지는 사람도 있는 것이다.

우리는 흔히 그런 사람들을 보고 "그 사람은 허영심이 너무 강해."라고 비판 섞인 평가를 내리지만, 사실 그들은 마음의 지주가 갖추어지지 않은 불쌍한 사람들이다. 그들은 다른 사람에게 "대단하다!"는 칭찬을 듣는 과정을 통하여 마음의 지주를 얻으려 하는 것이다.

왜 회사에서 어떤 상사는 부하 직원들을 괴롭힐까? 상사가 자신의 지위를 이용해 부하 직원을 괴롭히는 행위, 즉 '파워 해러스먼트 Power Harassment'는 상사가 자신의 지위를 이용하여 마음의 지주를 찾으려 하기 때문에 일어난다. 상사는 부하 직원들을 괴롭히는 방식을 통하여 평소에 느낄 수 없는 자신의 파워를 느끼고 싶어 한다.

아내에게 폭력을 휘두르는 남편도 마찬가지다. 마음속에 갖추어지지 못한 지주를 폭력을 통하여 갖추려 한다. 아내를 지배하는 데에서 마음의 지주를 찾으려 하는 것이다.

결국 마음의 지주가 갖추어지지 않은 사람은 상황에 따라 그것을 대신할 수 있는 대상을 찾는다. 그리고 그 대상을 잘못 선택할 경우, 점차 바람직하지 않은 길로 접어들 수밖에 없다.

무조건적인
사랑을 바란다

프로이트가 말한 근친상간적 욕망은 "남녀를 떠나서 인간에게 있는 가장 기본적인 본능 중 하나다. 여기에는 인간의 자기방어 본능, 나르시시즘의 충족, 책임·자유·의식성意識性에 수반되는 부담으로부터 도피하려는 갈망, 무조건적인 사랑에 대한 애착 등이 포함된다. 이러한 욕망은 일반적으로 유아에게 내재되어 있으며, 어머니가 그것을 충족시켜 준다."[3] 그러나 현실적으로 어머니가 그 욕망을 충족시켜 주지 못하는 경우가 훨씬 많기 때문에 사람들은 성인이 된 이후에도 '무조건적인 사랑'을 계속 갈구한다.

많은 우울증 환자들이 추구하는 것이 바로 '무조건적인 사랑'이다. 하지만 그것을 얻을 수 없기 때문에 살아갈 의욕을 잃는 것이다. 실존분석의 대가인 빅터 프랑클Viktor Frankl의 말처럼 우울증은 생명력을 떨어뜨린다.

어머니는 살아갈 의욕을 부여해 주는 존재다. 우울증을 앓는 사람은 어머니라는 존재가 주는 '무조건적인 사랑'이 충족되지 않았기 때문에 살아갈 의욕을 느끼지 못한다. 인간에게 필요한 가장 기본적인 토대가 없는 것이다.

성인이 되어 '무조건적인 사랑'을 원한다고 해도 실상 그 요구에 응해줄 사람은 없다. 상대방도 평범한 인간이기 때문에 '무조건적인 사랑'을 줄 수 없는 것이다.

어머니다움을 갖춘 어머니, 즉 '어머니다운 어머니' 밑에서 자라지 못한 사람들은 연애를 하게 되면 '무조건적인 사랑'을 얻었다고 착각하는 경우가 있다. 그리고 그것이 착각이라는 사실을 깨달았을 때 사랑에 좌절한다. 그렇기 때문에 세상의 흔한 연애에는 끊임없이 문제가 발생하는 것이다.

에리히 프롬의 말처럼 유아만 무력한 것이 아니라 성인 역시 심리적으로는 무력한 존재다. 아무리 강한 권력을 얻어도, 아무리 많은 재산이나 명성을 얻어도 사실 심리적으로는 무력할 수밖에 없다. 그래서 성인도 유아처럼 확실성과 방어와 애정을 부여해 줄 수 있는 힘을 강렬하게 원하게 된다. 어머니의 따뜻한 사랑을 받지 못하고 성인이 되면 어머니를 대신할 수 있는 사람을 원하게 되는데, 대부분의 경우 그 대상이 연인이다.

그러나 어머니의 무조건적인 사랑을 충만히 받고 성장한 사람은 마음의 지주가 바로 서 있다. 그렇기 때문에 다른 사람에게 미움을 받는 것을 두려워하지 않는다. 책임을 지는 것도 두려워하지 않는다. 책임을 회피하지 않고 비판을 두려워하지 않는다.

이들은 결코 모든 사람에게 좋은 사람이라는 인상을 심어주기 위해 몸과 마음의 에너지를 소모하지 않는다. 사람들에게 좋은 사람이라는 인상을 심어주기 위해 하고 싶은 말을 하지 못하는 경우도 없다. 하고 싶은 말, 해야 할 말을 확실하게 전하기 때문에 감정 소모가 덜하다. 마음의 지주가 갖추어져 있으면 꼭 해야 할 말을 못하고 참고 있다가 나중에 후회하게 되는 일도 없다.

어머니다운 어머니 밑에서 자라는 아이는 어떤 행동을 해도 어머니로부터 미움을 받지 않는다. 아이가 어떤 인간이건 어머니가 외면하는 경우도 없다. 설사 바보라고 해도 미움을 받지 않고, 훌륭하지 않더라도 마음 놓고 생활할 수 있다. 아이 또한 자신이 바보라고 해도 어머니가 자신을 사랑한다는 사실을 잘 알고 있다.

어머니다운 어머니의 품에 있을 때 아이는 비로소 안도감을 가질 수 있다. 자신은 결코 거부당하지 않는다는 믿음이 있기 때문이다. 심리적 성장에 필요한 양분이 바로 이 안도감이다. 자신이 어떤 사람이건 미움을 받지 않는다는 안도감이 있어야 아이는 심리적으로 안정감 있게 성장하고 자립할 수도 있다.

심리적으로 자립한다는 것은 '나'라는 있는 그대로의 존재에 자신감을 가지는 것이다. 이 자신감이야말로 '마음의 지주'다.

마음의 지주가 갖추어진 사람은 성인이 된 이후에도 미움을 받는 것을 두려워하지 않는다. 누군가로부터 미움을 받는다고 해서 자신이 쓸모없는 인간이라는 식으로 받아들이지 않는다.

마음속에 어머니가 존재한다는 것은 마음의 지주가 갖추어져 있다는 뜻이다. 그렇기 때문에 집단으로부터 추방을 당하거나 고립되는 것을 두려워하지 않는다. 반대로 마음속에 어머니가 존재하지 않으면 사회적으로 성공해도 '고립과 추방'을 두려워하고, 더욱 큰 권력을 바란다. 또 미움을 받는 것이 두렵기 때문에 다른 사람이 자신을 어떻게 생각하는가에 과도하게 신경을 쓴다.

어머니다운 어머니란, 아이가 '듣고 싶어 하는 말'을 해주는 사람이다. 아이로 하여금 만족을 느끼고 안심하면서 심리적으로 성장하게 하는 것이다.

그러나 심리적 성장 없이 성인이 된 다음에는 아무리 '나는 이런 말을 듣고 싶다'고 간절히 요청해도 그 말을 해주는 사람이 없다. 상사, 동료, 가족, 연인, 친구, 어느 누구도 원하는 말을 해주지 않는다. 그 사람의 사회적 연령이나 육체적 연령에 어울리는 말만 해줄 뿐이다.

심리적 성장이
멈추어 있다

마음의 지주는 어머니다운 어머니와의 커뮤니케이션을 통해서 갖추어진다. 아이는 '지금 나는 이런 말을 듣고 싶다'는 바람을 가지고 있고, 어머니에게 그 말을 듣는 과정을 되풀이하면서 어머니와 마음이 연결된다. 아이는 무력하면서 독선적인 존재이기 때문이다.

때때로 사랑하는 연인을 마음의 지주로 삼거나, 가족 중의 한 사람, 또는 강아지와 같은 애완동물을 마음의 지주로 삼은 사람들을 만날 수 있다. 그러나 가족, 연인, 애완동물 등이 마음의 지주가 되려면 그전에 심리적 성장이 뒷받침되어야 한다. 그 심리적 성장을 뒷받침하는 것이 바로 어머니다운 어머니와의 커뮤니케이션이다. 심리적으로 성장한 사람만이 연애를 하거나 친구가 생기거나 성인이 되어 새로운 가정을 이루게 되었을 때, 새로운 가족, 연인, 친구를 마음의 지주로 삼을 수 있는 것이다.

어떤 대상을 마음의 지주로 삼으려면 그전에 근원적인 충족과 성장이 있어야 한다. 그렇지 않으면, 연애를 해도 연인이 마음의 지주가 될 수 없다. 오히려 연인에게 매달릴 뿐이다. 결혼을 해서 가족이 생겨도 그 가족이 마음의 지주가 될 수 없다. 오히려 가족에게 매달릴 뿐이다. 다시 말해서, 어머니와의 커뮤니케이션이 충족되지 않은 사람은 어떤 인간관계가 형성되면 바로 거기에 매달려버리는 것이다.

이들은 가족이나 연인에게 바람과 욕구가 강하기 때문에 지나치게 의존적인 태도를 취한다. 결과적으로, 이들은 바람직한 인간관계를 형성하기 어려울 수밖에 없다.

어머니다운 어머니 밑에서 자란 사람과 신경증적 성향이 강한 어머니 밑에서 자란 사람은 어린 시절뿐 아니라 성인이 된 이후에도 극과 극의 인생을 살아간다. 굳이 표현하자면 한쪽은 천국이고, 다른 한쪽은 지옥이다. 문제는 이 세상에 어머니다움을 완벽하게 갖춘 어머니가 거의 없다는 점이다. 그 때문에 대부분의 사람들이 성인이 된 이후에도 미움을 받는 것을 두려워하는 것이다.

어린 시절에 '무조건적인 사랑'을 충분히 받으면 마음의 지주가 올바르게 형성되기 때문에 사람은 강해진다. 그러나 성인이 된 이후에는 누군가로부터 '무조건적인 사랑'을 받기는 어렵다. 상대 또한 자신과 같은 평범한 인간일 뿐이기 때문이다.

'무조건적인 사랑'이 실현될 수 있는 것은, 어머니다운 어머니가 아이를 사랑할 때뿐이다. 성인이 된 이후의 사랑은 주고받는 것이다. 어느 한쪽이 일방적으로 상대방을 사랑하는 일은 거의 없다. 하지만 어린 시절에 '무조건적인 사랑'을 받지 못한 사람이 성인이 되어 연애를 하면 자기도 모르게 연인에게 '무조건적인 사랑'을 요구한다.

> "확실성과 방어와 애정을 부여해 주는 힘을 강렬하게 바라는 것은 인간의 가장 기본적인 욕망이다."[4]

'무조건적인 사랑'에 대한 강력한 욕망 때문에 좋아하는 사람이 생기면 '이 사람이야말로 그 사람이다.'라고 착각한다. 그렇게 믿어야 마음을 놓을 수 있고, 행복을 느낄 수 있으며, 삶이 즐겁기 때문이다. 그러나 그것은 분명한 착각이다.

인간은 어디까지나 인간일 뿐이다. 무조건적인 사랑을 주는 신이 될 수는 없다. 오히려 그런 신은 존재하지 않는다고 생각해야 새로운 인생을 펼칠 수 있고, 연애를 해도 헛된 기대를 하지 않으며 상대방을 냉정하고 정확하게 판단할 수 있다.

연인에게 '무조건적인 사랑'을 요구하는 사람은 대개 연인의 현실적인 모습은 보지 못하고 자신이 원하는 모습만 본다.

> "남자든 여자든 한 인간이 만약 그 일생 동안 '어머니다움을 갖춘 존재'를 발견할 수 있다면 그의 인생은 부담과 비극으로

부터 해방될 수 있을 것이다. 사람이 이렇게까지 그 '환영Fata Morgana'을 갈구한다는 것은 놀라운 일이 아닐 수 없다." [5]

에리히 프롬은 사람이 환영을 아무리 갈구한다 하더라도 잃어버린 낙원을 찾기는 어렵다고 말한다. '잃어버린다'는 표현을 사용했지만, 보다 솔직히 말하자면 이 낙원 자체를 체험하지 못한 사람이 세상에는 훨씬 더 많다.

남자가 '이상적인 여자'와 연애를 한다고 생각할 때는 사실 대부분 '무조건적인 사랑'을 주는 사람을 만났다고 착각할 때다. 연애는 기본적으로 남자와 여자의 관계다. 즉, 성인 대 성인의 관계이지 어머니와 자식과 같은 관계는 아니다. 남자가 정말로 남자가 되는 것은 이런 각오와 깨달음이 있을 때다. 여자도 마찬가지다.

사람들이 이토록 강렬하게 '무조건적인 사랑'을 갈구하는 이유는 혼자 있는 것이 불안하기 때문이다.

마음의 지주가 없는 사람은 아침에 일어나도 마음이 불안하고 밤에 잠자리에 누워도 불안하다. 심리적 불안을 한순간도 떨쳐버릴 수 없다.

이런 심리적 불안을 해소해 주는 것이 인간관계에서의 마음의 연결이다. 하지만 사람들은 마음이 어떻게 연결되는지 모르기 때문에 '무조건적인 사랑'만을 갈구하는 것이다.

심리적 연령과
사회적 연령이 다르다

"사람은 태어나는 순간부터 모험을 추구하려는 경향과 안전과
확실성을 추구하려는 경향이 있다. 또 부담이 있더라도 독립
을 원하는 경향과 보호와 의존을 추구하는 경향이 있다. 사람
들은 늘 이러한 두 가지의 경향 사이에 놓여 있다."[6]

독립이나 자립에 장점만 존재하는 것은 아니다. 정상적인 욕구
는 에리히 프롬이 말한 것처럼, '부담이 있더라도 독립을 원하는
것'이다.

부담을 짊어지는 것이 싫다면 독립은 할 수 없다. 부담이 없으면
자유도 없다. 부담 없이 독립하고 싶다는 것은 상점에 진열되어 있
는 상품을 가지고 싶지만 돈은 지불하기 싫다는 것과 같다. 같은 맥
락으로, 마음의 지주가 없는 사람은 책임이라는 부담을 기피한다.
그로 인해 자유와 독립도 얻을 수 없다.

사회에서는 사람이 어느 연령에 이르면 그 연령에 어울리는 책

임을 요구한다. 그 사람의 본능은 보호와 의존을 요구하고 있는데, 현실 사회에서는 독립된 개인으로 생활하기를 강요하는 것이다.

서른 살이 되면 사회는 그 사람을 서른 살의 성인으로 취급한다. 어엿한 독립적인 사회인으로 취급하는 것이다. 그러나 그 사람의 내면세계는 아직 보호와 의존을 원하는 어린아이일 뿐이다. 심리적 증후군으로 명명된 피터팬신드롬Peter Pan Syndrome이 그 예다. 이는 몸은 성인이지만 마음은 성인이 되기를 거부하고 아이이기를 원하는 심리 상태다. 이 경우, 일상은 괴로움의 연속이다.

누구나 이해할 수 있고 납득 가능한 힘든 상황일 때, 그 사람이 '힘들다'고 하면 주변 사람들도 모두 인정해 준다. 예를 들어 구조조정을 당해서 경제적으로 힘들다고 하면 사람들은 그 상황을 인정하고 공감한다. 마라톤을 하는 사람이 힘들다고 말해도 물론 인정해 준다. 시험 공부가 힘들다고 하면 당연히 그럴 것이라고 이해한다. 그리고 '열심히 노력해 보라'고 격려도 한다.

하지만 힘든 상황이 전혀 드러나 보이지 않는 상태에서 '힘들다'고 말하면 "그 나이가 되어서 무슨 헛소리냐."고 무시해 버리기 일쑤다.

이런 반응이 정당할까? 구조조정이나 마라톤이나 시험 공부 등은 외부에서 보았을 때 드러나는 고통이다. 이런 고통은 때로 과장되어 '생존 경쟁', '수능 지옥' 등으로도 표현된다. 그러나 정말로 힘든 것은, 심리적으로는 아직 보호나 안전을 원하는 어린아이일 뿐인데 어엿한 성인으로 사회에서 살아가야 하는 것이다.

매일 하는 일은 비슷하다. 특별히 혹독한 공부를 하는 것도 아니고 오랜 시간 일을 해야 하는 것도 아니다. 그러나 이런 사람은 할 일 없이 매일 누워만 있다고 해도 고통스럽다. 독립적 삶을 유지해 나가는 것 자체가 힘들기 때문이다.

심리적인 고통이 다른 사람들의 눈에 보이지 않는다는 것이 문제다. 앞에서 말했듯 어떤 구체적인 상황이나 여건에 직면한 사람들의 '고통'은 눈에 보이기 때문에 '힘들다'고 말하면 사람들은 수긍하고 인정해 준다. 하지만 눈에 보이는 것만이 고통은 아니다. 그래서 어떤 사람들은 다른 사람이 조금만 지적을 해도 즉시 폭발해 버린다.

신경질적인 사람도 마찬가지다. 주변 사람들은 그 정도 일로 왜 그렇게 화를 내는 것인지 이해하지 못한다. 하지만 신경질적인 사람은 표면적으로는 화를 내지 않았더라도 그전부터 이미 보이지 않는 고통을 느끼며 힘들다고 비명을 지르고 있었을 것이다. 그들은 마음속으로 '더 이상은 무리야.'라고 끊임없이 절규하고 있었다. 그러다 주위 사람 중 누군가가 무엇을 요구하거나 지적하면 그 순간 참지 못하고 폭발해 버리는 것이다. 기분이 나빠지는 것은 공격적 감정이 내면을 향하고 있는 것이며, 화를 내거나 폭력적인 행동을 하는 것은 공격적 감정이 외부로 드러나는 것이다.

일본 〈마이니치 신문〉에 '갑자기 폭발하는 내가 두렵다'[7]는 제

목의 기사가 실렸다. 부제는 '소년 사건이 보여주는 것'이었다. 거기에는 같은 반 학생을 살해한 열여섯 살 소년의 사건이 실려 있었다. 이 소년이 같은 반 학생을 폭행하고 살해한 이유는 '나에 대해 험담을 한다'는 것이었다. 보복성 폭행은 한 시간 반 동안 계속되었다.

그 상황을 지켜본 다른 학생은, 그 소년이 특별한 이유도 없이 갑자기 화를 내면서 폭행을 시작했다고 증언했다. 폭행을 한 소년은 평소에 스스로에 대해 '나는 화가 나면 무섭다'고 말했다. 소년의 평소 생활에 관하여 이웃 주민들은 "인사도 잘하고 어린아이들도 잘 돌보아준다."고 말했다. 이 기사는 소년의 '난폭함'과 '상냥함' 사이에 무엇이 존재하는지를 묻고 있었다.

사실 이웃 주민들이 본 상냥한 모습은 소년의 심리적 연령에 어울리는 것이고, 난폭한 모습은 사회적 연령 때문에 고통을 받고 있는 것이다. 이 소년은 열여섯 살이라는 사회적 연령으로 살아갈 준비가 아직 갖추어져 있지 않았다.

이 소년처럼 많은 사람들이 아직 '무조건적인 사랑'에 대한 유아적 욕망이 심리적으로 강하게 작용하는 상태에서 사회적 연령에 어울리는 삶을 살아야 한다. 이때는 하루하루를 살아가는 것만으로도 내면세계가 공황상태이기 때문에 주위로부터 어떤 요구를 받거나 거슬리는 말을 들으면 즉시 폭발해 버린다. 이것이 바로 소년이 동급생을 때리는 난폭한 행동으로 나타난 것이다.

다시 말해서, 소년의 난폭함과 상냥함 사이에는 심리적 연령과 사회적 연령의 격차가 존재한다.

좀 더 깊이 관찰하면, '미움을 받는 것이 두렵기 때문'에 참고 억누르던 것이 '욕구불만' 상태로 진행되고, 그것이 어떤 사건을 만나면서 순간적으로 '폭발'해 버렸다는 사실을 알 수 있다.

정말로 상냥한 사람은 마음의 지주가 갖추어져 있어 폭발적인 충동을 보이지 않는다. 그러나 그 소년은 마음의 지주가 갖추어져 있지 않기 때문에 미움을 받는 것이 두려워 매일 무리하면서 살았고, 그 때문에 욕구불만 상태에 빠져 폭발 직전의 상태에 놓이게 되었다. 그런 상황에 어떤 일이 발생하면 즉시 폭발하는 것이 당연하다. 어떤 중간 단계도 없이 '난폭함'과 '상냥함'이라는 극과 극의 행동을 보이는 것은 그가 심리적 성장을 하지 못한 피터팬이기 때문이다.

의존하는 심리가
문제를 키운다

"어머니에 대한 근친상간적 애착은 어머니의 사랑과 보호를 원할 뿐 아니라 어머니를 두려워하는 마음도 만들어낸다. 이 공포는 힘과 독립성에 대한 그 사람의 독자적 의미를 약화시키는 의존의 결과다."[8]

어머니를 두려워하는 마음이 의존의 결과라는 지적은 매우 중요하다. 예를 들어, 평소 하고 싶은 말을 하지 못하는 사람이 그렇다. 이들은 의존하는 심리가 강하고 사람을 두려워하기 때문에 하고 싶은 말을 하지 못하는 것이다.

다른 사람에게 심리적으로 의존하고 있지 않으면 두려워할 필요가 없기 때문에 해야 할 말, 하고 싶은 말을 편하게 할 수 있다. 그러나 상대방을 의존하면 자신의 생각이나 의지를 제대로 피력하지 못한다. 상대방에게 인정을 받고 싶으면서도, 한편으로 상대방을 두려워하기 때문이다. 이때의 공포는 상대방에게 의존하는 마음 때문에 발생하는 결과다. 일상생활에서 의존하는 심리와 공포의 관계를 확실하게 이해해야 한다.

의존적인 사람은 해야 할 말, 하고 싶은 말을 하지 못하고 "그래, 참자." 하고 포기해 버린다. 또는 내가 말하지 않아도 상대방이 속마음을 헤아려주기를 바란다. 그러나 대부분의 경우, 상대방은 이쪽에서 기대하는 것처럼 마음을 헤아려주지 않기 때문에 나중에 문제가 발생한다. 솔직하고 분명하게 속마음을 전달했다면 발생하지 않았을 문제들이 발생하는 것이다.

이후 문제를 처리하는 과정에서도 역시 "내 속마음을 이해해 주겠지."라는 생각에 해야 할 말, 하고 싶은 말을 하지 않는다. 그 결과, 문제는 눈덩이처럼 부풀려진다. 문제가 더 큰 문제를 낳는 식이다. 어느 단계에서라도 솔직하고 분명하게 말했다면 그렇게까지 확대되지는 않았을 것이다.

이들은 문제가 너무 커지면 "더 이상 어쩔 수 없다."고 포기한다. 물론 포기하는 시점에는 '더 이상 어쩔 수 없을 정도'로까지 문제는 확대되어 있다. 하지만 5년 전에 말했다면 이렇게 큰 문제로까지 커지지는 않았을 것이다. 해야 할 말, 하고 싶은 말을 "굳이 하지 않아도 알아주겠지."라고 생각하며 회피한 결과, 문제를 키운 것이다.

왜 말하지 못했을까?

그 사람의 마음속에 자리 잡고 있는 '상대방에 대한 공포' 때문이다. 그 공포는 앞서 말했듯이 타인을 의존하는 심리가 만들어낸 결과물이다.

의존 심리가 강한 사람은 늘 문제를 일으키고 시간이 지날수록 그 문제를 확대시킨다. 해야 할 말을 하려면 용기가 필요하지만 의존 심리가 강한 사람에게는 그런 용기가 없다.

용기는 마음의 지주를 구성하는 필수 요소다. 마음의 지주가 없는 사람에게 용기를 기대하는 것은 무리다. 그는 문제가 발생하면 해결하기 위해 나서기보다 일단 도망처버린다.

사회생활에서 발생하는 다양한 사건들도 마찬가지다. 대부분 처음에 당사자가 해야 할 말, 하고 싶은 말을 솔직하게 이야기했다면 그렇게까지 확대되지 않았을 것이다.

어떤 문제에 반대하고 싶다. 하지만 찬성하면 평화롭게 상황을 마무리할 수 있다. 그럴 경우, 의존 심리가 강한 사람은 "괜찮아. 좋은 게 좋은 거지."라고 자신을 다독인다. 그리고 잘될 것이라고 추측한다. 하지만 추측은 빗나가고 몇 년 후에 그것이 더 커다란 문제로 되돌아온다.

그 자리를 평온하게 마무리 짓기 위해 반대를 하지 않았던 사람은 그것이 원인이 되어 문제가 발생했을 때에도 해결하려 하지 않고 도망처버린다. 그래서 문제를 더 확대시킨다.

마음속에 '의존'과 '공포'를 가지고 있으면 불필요한 문제를 일으키게 되고, 그 문제를 '도저히 처리할 수 없는' 상태로 만든다. 반대해야 할 일에 반대 의견을 내놓지 못하는 사람은 의존과 공포를 품고 있음을 인지해야 한다.

지금 고민에 잠겨 있는 사람은 자신의 인생을 한탄하기 전에 우선 자신의 마음속에 존재하는 '의존'과 '공포'를 직시할 수 있어야 한다. 즉, 자신에게 마음의 지주가 없다는 현실을 인정하는 데에서부터 출발해야 한다.

원만하게 수습하는 게
해결법은 아니다

'원만하게 수습한다'는 말이 있다. 가장 바람직한 방법일 수 있지만 이것이 결국은 문제를 해결하기보다 미루는 행위에 지나지 않는 경우가 많다.

억울한 일이 있다. 그러나 상대방에게 '억울하다'는 감정을 분명하게 말할 수 없다. 마음에 들지 않지만 마음에 들지 않는다는 생각을 표현할 수 없다. 그래서 꾹 참고 일을 원만하게 수습한다. 결국 사태는 원만하게 수습되었지만 자신의 뜻을 굽힌 사람의 마음이 원만하게 수습될 리가 없다. 마음속에 존재하는 억울함과 불만족은 시간이 지날수록 더 커지고 쌓여간다.

여기에서 문제가 발생하는 것이다. 안에서는 내 잘못이 아니고 상대방이 실수를 한 것이다, 억울하다, 항의하고 싶다, 굴욕을 당했다, 용서할 수 없다, 이런 마음들이 들끓고 있다. 그러나 그 자리를 원만하게 수습하기 위해 잠자코 있었다. 자신의 주장을 굽히고 억제하자 상황은 특별한 문제없이 평온하게 마무리되었다. 그러나 이런 마무리로 그 사람의 마음은 결코 원만하게 수습될 수 없다.

우울증에 걸리는 사람은 이런 과정이 연속으로 되풀이되는 생활을 해왔다. 자신의 주장을 굽히는 방식으로 일을 원만하게 수습하는 상황들이 거듭 반복되는 생활을 해온 것이다. 그렇기 때문에 그 주변에서는 모든 문제가 원만하게 수습되지만, 본인의 마음은 한 번도 원만하게 수습되지 않았다. 마음속에서는 분노와 증오가 점차 확대되고 쌓여간다. 주변 사람들이 그 사실을 알아채지 못할 뿐이다.

원만하게 수습한다는 것은 표현은 좋다. 그러나 어떤 일을 원만하게 수습하기 위해 애쓰는 사람은 주변 사람을 두려워하고 있을 뿐이다. 마음속에 존재하는 '의존'과 '공포' 때문에 항의하지 못하고, 상대방에게 모욕을 당해도 참는 것이다.

특히 자기 멸시를 하는 사람은 상대방의 모욕적인 언행도 순순히 받아들인다. 심지어 모욕을 모욕이라고도 생각하지 않는다. 그것이 자기를 멸시하는 심리의 본질이다.

자기 멸시를 하는 사람은 자신을 값싸게 취급하지만 정작 본인은 그 사실을 깨닫지 못하기 때문에 그의 주변에는 이기적이거나 오만한 사람들만 모인다. 그리고 그는 끊임없이 이해하고 배려해주면서도 불평을 듣는다.

정신분석과 관련된 수많은 명저를 남긴 카렌 호나이Karen Horney에 의하면, 자기 멸시를 하는 사람은 이기적이고 오만한 사람에게 무방비 상태로 노출되어 있다고 한다. 한마디로 그들의 밥이다. 자기 멸시에 사로잡히면 객관적 사실이 보이지 않는다. 자기 멸시에 사로잡힌 이들은 생각하는 것이 고통스럽기 때문에 생각하려고 들지 않는다. 그러다가 남에게 쉽게 속고 이용을 당한다.

예를 들어, 그들은 '지나친 성실함'에 감동한다. '지나친 성실함'이 다른 측면에서는 '성실함의 결여'라는 사실을 보지 못한다. 한마디로, 현실적인 인간 사회에 살고 있지 않은 것이다.

톨스토이가 쓴 〈바보 이반〉이라는 러시아 단편 소설이 있다. 이반은 농사를 짓고 있다. 일하는 것을 좋아한다. 어느 날 무일푼이 된 형들이 이반을 찾아온다. 그러자 이반은 기꺼이 그들을 부양했다. 하지만 형수들은 이반에게 얹혀살면서 이런저런 불평을 늘어놓는다. 여기서 이반은 주변 사람을 성실하게 돌보아주면서도 오히려 불평을 듣는다. 자기 멸시에 사로잡힌 사람은 다들 이 '바보 이반'과 마찬가지다.

물론 마음속에 '의존'과 '공포'가 있어도 자기 멸시에 사로잡히지 않는 경우는 있다. 그런 사람은 모욕을 모욕으로 느끼지만 항의를 하지 못할 뿐이다. 우리 주변에는 이런 사람도 많다.

싸우지 않는 사람들은, 싸우면 이런저런 문제가 발생하기 때문에 싸움을 피하려 든다. 항의를 함으로써 다른 사람에게 나쁜 인상을 심어주는 것을 두려워하는 심리도 작용한다. 또는 상대를 실망시키고 싶지 않다고 생각하는 사람도 있고, 관대한 태도를 보여 상대방에게 존경을 받고 싶다고 생각하는 사람도 있다.

그러나 마음속에는 자신이 굽힌 만큼 증오가 쌓인다. 그런데도 하고 싶은 말을 할 수 없다.

이것이 바로 '의존'과 '공포'다.

아수라장을
두려워한다

아수라장을 만드는 것은 매우 중요하다. 현재 직면한 문제를 그 자리에서 바로 해결할 수 있기 때문이다.

미국의 심리학자 데이비드 시버리David Seabury도 "아수라장은 가급적 빨리 만들어라."고 말한다. 아수라장이 문제를 해결하는 요체라고 보기 때문이다.

그러나 마음의 지주가 없는 사람은 아수라장을 견딜 수 없기 때문에 가능하면 일단 회피하려고 한다.

원만하게 수습하는 것이 문제가 되는 이유는 현재의 문제를 내일로 미루어 문제를 더 크게 만들기 때문이다.

흔히 "시간이 문제를 해결한다."고 말하지만 그 반대인 경우도 있다. 시간이 문제를 확대시키는 경우도 있다. 시간이 별것 아닌 작은 문제를 도저히 대처할 수 없는 커다란 문제로 만들어버리는 경우다.

"모든 일은 5년 안에 잊혀진다."고 말하는 사람도 있지만 이것도 항상 맞는 말은 아니다. 어떤 심리적인 문제는 시간이 지나도 절대로 해결되지 않는다. 현실적인 사태는 해결될 수 있지만 사람의 마음속에 남아 있는 문제는 해결되지 않는 것이다.

법에는 시효가 있지만 사람의 마음속에는 시효가 없다. 빚을 떼어먹은 사람은 잊어버릴 수 있어도 돈을 빌려준 사람은 기억한다.

어떤 문제 때문에 사회적으로 좌절하는 사람도, 만약 그 문제에 좀 더 일찍 대처했다면 충분히 해결할 수 있었을지 모른다. 사회적으로 적응을 못한 어른아이, 즉 피터팬신드롬에 해당하는 사람은 심리적 연령이 낮아 사회적인 책임을 질 수 없기 때문에 항상 사회적 문제를 일으킨다. 직장인 신용 대출이나 금지 약물에 손을 대 관계자들을 곤란한 상황에 빠뜨리는 문제아가 그 흔한 예다. 가족 중에 도박 중독이나 알코올 의존증인 사람이 있다면 그 가족은 물론이고 주변 사람 모두가 비참한 상황에 놓인다. 도박 중독이라는 사실이 표면적으로 드러났을 때에는 주변의 힘만으로는 이미 대처할 수 없다는 것도 중요한 맹점이다.

예를 들어, 도박 중독인 사람은 자신의 가족이 지옥으로 떨어지건 나락으로 떨어지건 신경 쓰지 않는다. 어디서든 돈을 빌려 자신이 도박을 할 수 있으면 그것으로 만족한다. 그 정도까지 마음을 잃어버리면 주변 사람들의 입장에서는 '더 이상 손을 쓸 수 없는 사람'이 되어버린다.

세상에는 도박 중독자나 알코올 의존증 환자 등 '어쩔 수 없는 사람'이 많이 존재한다. 문제는 '어쩔 수 없는 사람'이 되기 전에 그 사람은 다양한 상황에서 하고 싶은 말, 해야 할 말을 하지 않고 일을 원만하게 수습하려 했다는 것이다.

마음을 맑고 평온하게 유지하려면 아수라장을 피할 수 없다. 하지만 마음의 지주가 없는 사람들은 '이 상황은 일단 모면하자'는 식으로 자신의 주장을 굽히고 모든 일을 원만하게 수습하는 쪽으로 대처해 더 큰 문제를 만들었다.

아수라장은 문제를 해결하는 현장이기도 하지만 그와 동시에 심리적으로 성장하는 현장이라는 사실을 명심해야 할 것이다.

내일의 행복보다
오늘의 평온을 추구한다

인생은 문제의 연속이다. 하나의 문제가 해결되면 또 다른 문제가 발생한다. 문제를 사랑하지 않으면 살아갈 수 없을 정도다. 이 문제들이 대나무 마디처럼 작용하여 그때그때마다 심리적으로 성장하는 사람이 있고, 좌절해서 무릎을 꿇는 사람이 있다.

50세의 어떤 남성이 이런 말을 했다.

"이 정도면 충분해. 여든 살이 되면 나는 정말 행복할 거야."

멋진 말이다. 이런 마음을 갖추고 있으면 행복해질 수 있다. 이런 사람은 문제가 발생할 경우, 그 경험이 대나무 마디가 되어 그때마다 심리적으로 크게 성장한다.

하지만 고민이 지나치게 많은 사람은 그런 생각을 할 수 없기 때문에 어떻게든 현재의 문제와 고통에서 벗어나기만을 원한다. 그래서 그 상황을 두루뭉술하게 정리할 수 있는 방법을 취하는데, 이런 선택은 당장은 괜찮아도 언제 터질지 모르는 폭탄을 마음속에 끌어안는 것과 같다.

고민에 사로잡힌 사람은 에너지가 없다. 거기에 비하여 "이 정도면 충분해. 여든 살이 되면 나는 정말 행복할 거야."라고 생각할 수 있는 사람은 에너지가 넘친다.

에너지가 넘치는 사람은 현재의 평온도 중시하지만 미래의 평화와 행복도 중요하게 생각하기 때문에 문제가 발생해도 크게 두려워하지 않는다.

에너지가 없는 사람은 지금 당장 고민이 해결되기를 바라기 때문에 현재 자신이 소유하고 있는 것들을 적절하게 활용하지 못한다. 지금 눈앞에 펼쳐져 있는 아름다운 풍경을 즐길 줄 모르는 이유는 마음속을 '고민'과 '후회'가 지배하고 있기 때문이다.

반대로, 내일의 행복을 생각하는 사람은 눈앞에 펼쳐진 풍경을 마음껏 즐길 줄 안다. 마음속을 후회나 증오가 지배하고 있지 않기 때문이다. 따라서 아침 햇살을 보고 '아름답다'고 감동할 줄 알고, 석양을 보면 행복에 젖는다.

지금 하기 싫은 일이 있다면 하지 않는 것이 당장은 편하다. 하지만 지금 하기 싫은 일을 안 하면 10년 후에 엄청난 고민거리가 되어 돌아온다.

지금 하고 싶지 않은 말은 안 하는 것이 당장은 편하다. 하지만 그것이 3년 후에 커다란 문제로 성장한다. 지금은 이 사람과 헤어지지 않는 쪽이 편하다. 하지만 그것이 3년 후에 큰 고민이 된다.

지금 이 말을 하지 않으면 당장은 편하다. 하지만 오늘의 평화가 5년 후에는 비바람으로 몰아친다.

지금 발생한 고민이나 고통, 문젯거리는 5년 전에 해야 할 말을 제대로 하지 않았기 때문에 나타난 결과다. 그때 그 말을 하지 않았기 때문에 5년 전에는 평온하게 넘어갈 수 있었다. 하지만 그 평온함이 지금 발생하고 있는 고민의 원인이 되었다는 사실을 알아야 한다. 따라서 현재 나에게 닥친 고민과 문젯거리는 과거의 결과라고 생각하고 얼른 떨쳐버려야 한다.

그때그때의 평온함을 선택하며 살다 보면 당장은 편할 수 있지만 인생은 점차 지옥을 향해 달려가게 되는 것이다.

문제 해결보다 오늘의 평화를 얻고자 애쓰는 것도 결국 의존 심리 때문이다. 어머니에 대한 의존 심리가 강하면 어머니를 두려워한다. 그리고 그 의존성이 마음의 힘과 독립성을 나약하게 만든다. 의존 심리가 강하면 공포와 적대감으로 가득 찬 세상에서 살 수밖에 없다. 마음의 지주를 만드는 첫걸음은 어디까지나 이 의존 심리를 자각하는 데 있다.

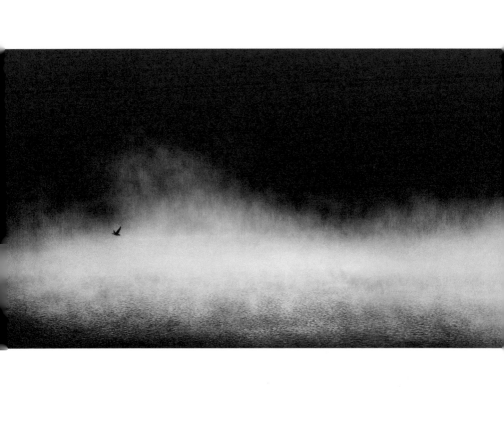

의존 심리가 강하면 공포와 적대감으로 가득 찬 세상에서 살 수밖에 없다.

회사나 조직을
운명 공동체로 여긴다

일본의 회사원들이 공동체 정신이 강한 이유는 무엇일까? 이 또한 마음속에 품고 있는 의존 욕구 때문이 아닐까? 과거 일본인들에게 회사 혹은 그가 속한 파벌은 자신을 보호해 주는 '어머니다운 존재'였다. 회사나 파벌에 스스로를 동일화하는 것으로 어린 시절에 어머니와의 관계에서 충족되지 못했던 근친상간적 욕망을 충족시키려 한 것이다. 그들은 회사나 파벌을 마음의 지주로 삼으려 했다.

현재 일본의 직장인들 사이에 마음의 병이 증가하고 있는 이유 중 하나는 대부분의 회사에서 이런 운명 공동체적인 분위기가 사라졌기 때문이다. 회사는 본래의 기능 집단이 되었다.

철학자 헤겔은 "존재하는 것에는 이유가 있다."고 말한다. 일본의 기업들이 과거에 공동체 정신을 강조한 데에는 그럴 만한 이유가 있었으나 성과만을 중요시하는 사람들이 나타난 것이 원인이었다. 이와 관련해서 에리히 프롬은 "어머니에 대한 근친상간적 애착 관계는 어머니의 사랑과 보호를 원할 뿐 아니라 어머니를 두려워하는 마음도 만들어낸다."[9]고 말한다.

이런 이중 심리가 나타나는 이유는 아이가 어머니의 사랑에 확신을 가지지 못하기 때문이다. 만약 어머니가 자신을 사랑하고 있다고 확신한다면 아이는 어머니를 두려워하지 않을 것이다.

근친상간적 애착의 병리적 단계가 그대로 마음의 병의 형성 단계로 이어진다. 근친상간적 애착이 강하면 강할수록 마음의 병은 심각해진다. 그 심각한 상태가 바로 우울증이다.

반대로 말하면, 근친상간적 애착으로부터 해방되는 것이야말로 마음이 성장하는 단계로 이어진다.

어머니에 대한 애착으로부터 해방된다는 것은 어머니다운 존재가 마음의 지주로 마음속에 확실하게 뿌리를 내렸다는 의미다.

이 '어머니다운 존재'는 어머니다움을 갖춘 진짜 어머니인 경우도 있고, 다른 여성인 경우도 있으며, 종교일 수도 있고, 사상일 수도 있다. 또 나무나 태양 같은 자연물일 수도 있다.

2장
—

의존하려는 마음,
두려워하는 마음

우리는 어머니다운 존재에 대한 애착에서 완전히 극복되기 어렵다.

– 에리히 프롬

무조건적인 사랑은
존재하지 않는다

어머니에게 사랑받고 있다는 경험은 철저하게 수동적이다. 사랑을 받기 위해 자식이 해야 할 것은 아무것도 없다. 어머니의 사랑은 무조건적이다. 자식으로서는 오로지 '그녀의 자식'인 것 외에 다른 할 일이 없다.

"어머니의 사랑은 더없는 행복이고 평화이며, 획득할 필요가 없고, 보답할 필요도 없다." [10]

'어머니다운 존재'를 만날 수 있는 것은 다른 사람에게 무엇인가를 받으면서도 기가 죽지 않아도 되는 심리 상태일 때다. 무엇을 받건 보답을 하지 않는, 이런저런 것들을 받기만 하면서도 기죽지 않는 심리 상태를 말한다.

어머니다운 존재로부터 주어지는 것을 마음 놓고 받는다. '기브 앤드 테이크Give and take'의 관계가 아니라 일방적으로 받기만 하면서도 아무런 부담을 느끼지 않아도 되는 관계인 것이다. 또한 자신이 받는 것이 상대방에게도 행복이라고 확신할 수 있는 심리 상태, 나를 사랑하는 것이 상대방에게 가장 큰 행복이라고 믿는 것, 그것이 어머니다운 존재를 대할 때의 느낌이다.

> "만약 어머니의 사랑이 그곳에 있다면 그것은 축복이다. 또 만약 어머니의 사랑이 그곳에 없다면 인생의 모든 좋은 것들이 사라져버린 것과 같다. ……거기에서 내가 스스로 만들어낼 수 있는 것은 아무것도 없다." [11]

어머니의 무조건적인 사랑은 성인 대 성인의 세계에는 존재하지 않으며, 존재해서도 안 된다. 성인 세계에 그것이 존재한다면 선량한 사람이 착취하는 사람의 먹이가 될 수밖에 없다.

그렇다면 '보호와 확실성을 부여해 주는 최초의 화신'인 어머니는 구체적으로 어떤 어머니일까?

아이가 '엄마가 기저귀를 갈아주었다'는 사실을 의식한다면 그것은 '보호와 확실성을 부여해 주는' 어머니가 아니다. 어머니라는 이름의 보모일 뿐이다. '보호와 확실성을 부여해 주는' 어머니는 공기 같은 존재다. 아이가 무엇인가를 받으면서도 받고 있다는 사실을 의식하지 않아야 한다.

이웃집에서 무엇인가를 받았다면 어떤 사람이든지 받았다는 사실을 의식하고 고마운 마음을 갖는다. 하지만 '보호와 확실성을 부여해 주는' 어머니의 사랑에는 '고맙다'는 의식이 없다.

아이는 "아, 이것이 사랑이다."라는 감각이 없다. 이 사람이라면 마음껏 응석을 부려도 된다고 생각하는, 일방적인 감각만 있을 뿐이다. 따라서 전혀 신경 쓰지 않고 하고 싶은 말을 하고, 하고 싶은 행동을 한다. 물론 성인이 되면 그것이 사랑이었다는 사실을 실감할 것이다.

아이는 성장하는 과정을 통해서 어머니와의 신뢰 관계를 만들어 간다. 어머니와 자식 사이에는 벽이 없다. 상대방과의 사이에 벽이 존재한다는 것을 느꼈을 때 사람들은 '위대한 사랑'을 주제로 연설을 하기 시작한다. 그 어떤 벽도 없는 것이 진정한 어머니의 사랑이다.

서로를 사랑한다는 의식 자체가 없는 상태에서 상대방을 사랑하고, 자신을 사랑하며, 하고 싶은 말을 한다. 어머니다운 사랑이란 바로 이런 것이다. 예를 들어, 따끈한 감자를 받았을 때 '이것은 감자'라고 확인하고 먹는 것이 아니다. 그냥 먹는 것이다. "근친상간적 애착의 병리 단계는 퇴행 단계에 해당한다."[12] 는 에리히 프롬의 이론과도 연결되는 내용이다.

불평을 하면서도
해결할 의지가 없다

우울증 환자는 어머니에 대한 애착에서 벗어나지 못하는 사람이다. 이들은 어머니다운 어머니의 사랑을 모른다. 그 사랑을 경험하지 못한 채 지금까지 힘들게 살아왔다.

우울증 연구의 권위자인 아론 벡Aaron Beck은 우울증 환자의 특징적 동기로 퇴행 성질을 들고 있다.[13] 퇴행적 동기를 가진 사람에게 성인으로서의 생활은 매우 부담스럽다. 퇴행적 동기를 바탕으로 행동하는 사람은 그 동기가 방해를 받으면 깊은 상처를 입는다. 응석 부리고 싶은 마음을 가진 아이는 부모에게 큰 칭찬을 받을 것이라고 기대하고 어떤 행동을 한다. 그리고 칭찬을 듣지 못할 경우에는 심각한 상처를 입는다.

퇴행적 동기를 가진 사람은 어떻게든 리스크를 피하려 하기 때문에 모든 일에 두려움을 느끼고 스스로 행동하려 들지 않는다.

남편을 용서할 수 없다. 하지만 이혼은 하고 싶지 않다. 이럴 경우, '누군가 남편을 변하게 해달라'는 것이 퇴행적 동기를 가진 사람의 호소다. 그들은 가장 안전하고 확실한 어머니의 배 속으로까지 퇴행하고 싶어 한다.

오랜 시간 심각한 고민에 휩싸여 탈진한 사람은 스스로 고민을 해결하기 위한 행동을 하지 않는다. 현재 그 상태에서 누군가 구원해 주기만을 바랄 뿐이다.

그들은 고민을 해결할 수 있는 방법을 가르쳐주거나 "이렇게 하십시오." 하고 충고를 해주어도 행동에 옮기지 않는다. 퇴행을 원하기 때문에 전향적인 행동을 할 수 없는 것이다.

근친상간적 애착의 병리적 징후는 '의존'과 '공포'가 강하고 정상적인 생활이 어렵다는 것이다. 그리고 "이성이나 객관성과 끊임없이 갈등을 한다."[14]

불평을 하면서도 해결할 의지는 없다. 문제를 해결할 수 있는 방법이 얼마든지 존재하는데도 그렇다. 가장 중요한 '의지'가 없는 것이다.

예를 들어, 여성에 대한 의존이나 공포가 강하면 상대를 확실성과 보호를 부여하는 우상으로 숭배하게 된다. 그 여성과 헤어지면 모든 것이 해결되지만 헤어질 수 없다.

상대방을 확실성과 보호를 부여하는 대상으로 숭배할 경우, 그 우상은 신성화되기 때문에 어떤 비판도 하지 못한다. 그 사람이 하는 말은 무엇이건 옳다고 생각하는 것이다.

컬트 집단이나 사이비 종교 집단이 극단적인 예다. 신자의 입장에서 볼 때 교주는 '마음의 지주'이기 때문에 교주를 절대 비판할수 없고, 다른 사람의 비판도 용납하지 못한다. 그들은 자신을 믿지 못하는 것이다. 그야말로 마음의 지주가 존재하지 않는 심리 상태다. 따라서 그들에게는 아무리 정당하고 객관적인 이론을 펴도 통하지 않는다.

사이비 종교 집단에 집착하는 사람은 그 집단에 전적으로 매달려 있기 때문에 그것을 놓으면 홀로 서지 못한다. 살아갈 수가 없다. 따라서 올바른 이성이나 이론이 통할 리가 없다. 그들의 마음속에서는 '이성'이나 '객관성'과의 갈등이 벌어지지만 결국에는 '의존'과 '공포'가 승리를 거둔다.

의존과 공포가 강한 사람은 마음의 지주가 존재하지 않기 때문에 '확실성과 보호'를 외부 세계에서 찾게 되고, 극단적인 경우에는 앞서 언급한 것처럼 사이비 종교 집단의 일원이 된다. 때로는 극단적인 정치사상 집단에 들어가는 경우도 있다. 또는 호전적 국수주의자가 되는 경우도 있다. 이들에게는 자신이 속한 집단과 그곳에서의 활동이 '마음의 지주' 역할을 한다.

사회적으로 이런 극단적 돌파구를 찾지 못한 사람들은 우울증에 걸린다. 사이비 종교 집단, 국수주의, 극단적 정치사상으로 치닫는 사람들은 '비억제형 인간'이며, 우울증에 걸리는 사람들은 '억제형 인간'이다.

어찌 됐든 두 부류 모두 마음의 지주가 없는 것이다. 그 때문에 의지할 수 있는 마음의 지주를 찾아, 잘못된 마음의 지주에 전적으로 매달린다.

사람이 정상적인 생활을 하려면 마음의 지주가 필요하다. 따라서 어머니의 무조건적인 사랑이 결핍되어 지주가 없는 사람이 현실적으로 구원을 받으려면 양질의 종교나 사상, 풍요로운 자연 등이 필요하다.

여기에서 '현실적으로'라고 표현한 이유는, 가장 이상적인 방법은 유아기에 어머니다운 어머니의 사랑을 받는 것이지만 그것은 쉽지 않은 일이기 때문이다.

양질의 종교나 사상, 풍요로운 자연 등에 의지하려 하지 않고 엉뚱한 데 마음을 빼앗기는 것이 보통 문제가 된다. 입으로는 '올바른 정신'을 갖추어야 한다고 말하면서도 황금만능주의에 빠져버린 경우도 허다하다. 우리나라만 해도 마음의 지주를 돈에서 찾는 사람들이 크게 증가하고 있다. 돈이 없으면 우울한 상태에 빠지고 극단적 행동을 하는 것도 이 때문이다.

어른아이는
대리모를 찾는다

어머니에 대한 애착의 형태에는 양성良性과 악성惡性이 있다.

먼저, 양성에 해당하는 남성은 자신을 늘 위로하고 칭찬하며 어머니처럼 보호하고 보살펴주는 여성을 찾는다. 이는 우울증 환자가 원하는 사랑과 같다. 우울증 환자는 칭찬받고 싶다, 위로받고 싶다, 보호받고 싶다는 퇴행 단계로 들어가 있다. 따라서 이런 남성은 자신이 원하는 여성을 얻지 못하면 가벼운 불안증과 우울 상태에 빠지기 쉽다.[15]

양성에 해당하는 남성은 끊임없이 위로하고 칭찬하는 여성을 '마음의 지주'로 삼는다. 이런 여성이 없을 경우, 그가 가벼운 불안증과 우울 상태에 빠지는 것은 어찌 보면 당연하다. 자신의 능력만으로는 스스로를 지탱할 수 없기 때문이다. 이는 근친상간적 애착의 1단계에 해당한다. 이런 상황에 놓인 남성은 '칭찬받는 과정'을 통하여 자신을 지탱한다. 칭찬받지 못하면 자신을 지탱할 수 없기 때문에 초조해하거나 불쾌해하고, 적극적인 자세를 못 취한다. 그것이 에리히 프롬이 말하는 '가벼운 불안감과 우울 상태'다.

그들이 원하는 '여성'은 일종의 대리모다. 그들은 대리모를 얻지 못하면 마음을 의지할 곳이 없기 때문에 '가벼운 불안감과 우울 상태'에 빠진다. 그래서 끊임없이 그런 여성을 원하고 항상 그 옆에 붙어 있으려 한다.

피터팬신드롬을 앓는, 일명 '어른아이'들은 대부분 주변 사람들이 볼 때 "왜 저런 여자를……."이라고 생각할 법한 바람직하지 못한 여성과 연애한다. 이들이 원하는 여성은 현실을 강요하지 않는 여성이다. 현실을 강요하는 여성은 대리모가 될 수 없다. 따라서 이들은 대리모와 함께 현실을 도피하고, 종래에는 파탄을 맞이한다.

"남자는 간호사를 동경한다."는 말이 있다. 이때 간호사 역시 대리모를 의미한다. 어머니다운 어머니 밑에서 자라지 못한 남성은 아무리 나이를 먹어도 끊임없이 어머니다운 어머니를 바란다. 상대방과의 대화에서도 마찬가지다. 어린아이가 어머니와 나누는 듯한 대화를 원한다. 즉, 상대방이 자신에 관한 이야기를 해주는 것을 대화라고 생각한다. 그래서 늘 자신에 관한 이야기를 화제로 삼아주기를 바란다.

어머니의 사랑에 대한 애착이 강한 남성은 아무리 나이를 먹어도 여성에게 모성적인 것을 바란다. 에리히 프롬은 이 애착이 강하면 남성의 성적 능력이나 감수성에도 영향을 준다고 말한다. 여성에 대한 두려움 때문이다. 다시 말해서 그 여성의 사랑을 확신하지

못한다. 그들이 두려워하는 이유는 상대 여성의 마음에 들어야 사랑을 받을 수 있다고 생각하기 때문이다. 그래서 무조건 여성이 시키는 대로 행동한다.

근친상간적 애착의 2단계는 본인의 독자성을 발휘하지 못한다는 것과 타인을 경험하지 못한다는 것이다. 그들은 타인과 심리적 교류를 가지지 못한다.

이 단계는 근친상간적 애착의 가장 무해한 형태에서 가장 악성인 형태까지 연이어 나타난다.[16]

악성에 해당하는 남성은 아무런 요구를 하지 않는 여성, 즉 무조건적으로 의지할 수 있는 여성을 선택하는데, 이것이 바로 성인이 된 이후에 원하는 '무조건적인 사랑'의 실체다. 그가 생각하는 무조건적인 사랑은 그에게 아무런 요구를 하지 않으면서 모든 것에 "네."라고 대답하는 것이다. 요구를 하지 않을 뿐 아니라 "이렇게 하는 게 좋지 않을까요?" 하는 식의 제안도 하지 않는다. 그에게는 가벼운 제안조차도 초조한 기분을 유발하는 원인이 되기 때문이다. 아무리 본인을 위해 해주는 말이라고 설명해도 그는 불쾌하게 받아들인다.

하지만 현실적으로 이런 여성은 존재하지 않는다. 모든 일에 "네."라고 대답하는 순종적인 태도는 그들에게서 무엇인가 얻어내려 하는 목적이 있기 때문이다. 부잣집 아들을 사귀려는 여성이라면 원하는 것을 얻기 위해 모든 일에 순종적으로 대답할 것이다.

거듭 말하지만 어머니의 사랑에 대한 애착이 있는 남성은 피터 팬신드롬이다. 연애를 하면서 아무런 요구를 하지 않는 여성은 성실한 여성이 아니다. 이런 여성은 상대방이 자기실현을 이룰 수 있도록 재촉하지도 않는다.

자기실현을 재촉하는 행위는 피터팬신드롬에 걸린 남성의 입장에서 보면 격려가 아니라 요구다. 또는 주의로 받아들이기도 한다. 그래서 화를 낸다. 자기를 격려하고 자기실현을 독려하는 여성을 불안한 존재로 느낀다. 그가 바라는 여성상이 아닌 것이다.

근친상간적 욕구는 어린 시절에 충족되는 것이 가장 바람직하다. 어린 시절에 충족되지 못했을 경우, 성인이 된 이후에도 사라지지 않기 때문에 위험하다.

제삼자의 입장에서 볼 때 여성이 당연한 요구를 해도 그의 기분은 나빠진다. 혹은 여성이 작은 부탁만 해도 기분이 불쾌해진다. 자신은 상대방에게 지나친 요구를 하면서도 상대방이 조금이라도 뭔가 부탁을 하면 기분 나쁘게 받아들이는 것이다. 매우 부당하다고 받아들이며 불안해하고 불쾌해한다.

부탁하는 것뿐만이 아니라 "나는 이러이러한 것을 알고 있다."는 식의 이야기를 해도 기분 나쁘게 여긴다. 심지어 "나는 책에서 이런 내용을 읽었다."고 말해도 불쾌하게 받아들인다.

모든 일에 대해 순종적으로 대답하는 여성이어야 한다. 그것도 깊이 감탄하며, 진심으로 동조하는 모습을 보여야 한다. 감동하는 모습을 보이지 않으면 그는 즉시 불쾌한 기분에 휩싸인다.

자신은 일방적으로 부탁하는 입장이고 상대방은 일방적으로 받아들이는 입장이어야 한다. 이것은 어린아이와 어머니의 관계일 때에만 가능한 일이지만, 그에게는 자신의 요구가 당연한 것이다. 그래서 보통 사람이라면 불쾌할 필요가 전혀 없는 상황에도 그는 늘 불쾌해한다.

무조건적으로 찬성해 주기를 바라기 때문에 상대 여성이 자신과 다른 의견을 이야기하면 기분 나빠한다. 불안해하며 가벼운 우울 상태에 빠진다. 보통 사람이라면 즐겁게 생활할 수 있는 환경도 그에게는 불만투성이다. 따라서 그에게 있어서 삶은 늘 인내의 반복이다. 하지만 제삼자의 입장에서 보면, 도대체 그가 뭘 인내한다는 것인지 이해하기 어렵다.

어머니의 사랑에 대한 애착을 가진 남성에게 있어서 사랑은 '사랑받는 것'이지 '사랑하는 것'이 아니다. 여기에서 '사랑받는 것'은 한 명의 남성으로서가 아니라 어린아이가 어머니로부터 '사랑받는 것'을 말한다.

우울증 환자가 요구하는 사랑도 마찬가지다. 그러나 우울증 환자는 어린아이와 달리 육체적, 사회적 능력이 있고, 신경증적이며, 자존심도 강하기 때문에 훨씬 더 골치가 아프다.

독립형 인간이
될 수 없다

어머니의 사랑에 대한 애착이 있는 남성은 확실성을 원하고 위험을 두려워하기 때문에 독자성을 발전시킬 수 없다. 그 사람다운 것이 없다. 흔히 말하는 개성이 없다. 반대로, 어머니의 사랑에 대한 애착에서 해방된 사람은 가난하건 부유하건 그 사람다운 것이 갖추어져 있다.

독립형 인간은 근친상간적 애착에서 해방된 사람이다. 무조건적인 사랑에 집착하는 사람은 '넘버 원Number1'은 될 수 있어도 '온리 원Only one'은 될 수 없다.

어머니의 사랑에 집착하는 남성은 그 집착에서 해방되지 못한 채 나이를 먹는다. 육체적, 사회적으로는 성장했지만 심리적 성장을 이루지 못했기 때문에 자기실현을 이룰 수 없고, 끊임없이 문제를 일으키며 불행한 인생을 보낸다.

개성이 없기 때문에 이들의 인생은 모두 비슷비슷하다. 아무런 요구를 하지 않는 여성과 연애를 하게 되면 인생 자체가 무의미해진다. 그런 연애에서 안락을 누릴 수는 있어도 얻는 것은 아무것도 없다. 마지막에 남는 것은 공허한 인생이다.

아무런 요구를 하지 않는 여성을 원하는 것은 어머니에 대한 환상일 뿐이다. 따라서 하루빨리 벗어나야 자기만의 독자성을 획득할 수 있다. 이는 의존과 공포에서의 해방이기도 하다.

의존과 공포에서 벗어나야 비로소 사람은 진정한 마음의 지주를 얻을 수 있다. 즉, 본인 스스로에게 의지하게 된다. 그리고 심리적 안정을 얻게 된다.

다만, 현실적으로는 이론처럼 그렇게 간단히 풀리지 않는다는 것이 문제다. 자신의 마음속에 의존과 공포가 있는 사람은 무엇보다 먼저 그것을 인지해야 한다. 일이 뜻대로 풀리지 않는다고 고민하며 책임을 전가하고, 다른 사람을 원망해 보아야 아무것도 해결되지 않는다. 하지만 문제의 원인이 자신의 마음속에 존재하는 의존과 공포 때문이라는 사실을 자각하면 내일은 행복하게 지낼 수 있다.

각자의 세계를
가지는 것을 거부한다

근친상간적 애착의 2단계에 접어든 남성은 어머니처럼 시중을 들어주면서 아무런 요구도 하지 않는, 즉 무조건적으로 의지할 수 있는 여성을 원한다. 따라서 에리히 프롬은 어머니에 대한 애착이 강할수록 어머니와 비슷한 아내를 선택한다고 말한다.

> "그는 아내이기도 하고 어머니이기도 한 이 여성의 보살핌 없이는 아무것도 할 수 없는 죄수처럼, 끊임없이 아내가 화를 내지는 않을지 눈치를 보고 두려워한다."[17]

폭력조직이건 정치계의 파벌이건, 회사의 상사와 부하 직원 관계건, 운동부의 선후배 관계건, 어느 세계에서나 상부의 보호를 원하면서 상부를 두려워하는 이중적 심리가 있다.

우울증에 걸리는 사람은 어린 시절부터 부모가 보호해 주기를 바라고, 그 보호에 만족을 느끼지 못하면 스트레스를 받았다. 이는 부모를 두려워하기 때문이다.

하지만 보호를 받으면서도 스트레스를 느끼지 않는 관계가 있다. 본래의 어머니다운 어머니와 아이의 관계다. 이런 무조건적인 보호를 받으며 자란 아이는 심리적으로 충분한 성장을 이룬다. 반대로 아이를 우울증 환자로 만드는 어머니는 아이가 원하는 보호를 해주지 않는다. 우울증 환자에게는 어머니의 존재, 즉 마음의 지주가 없는 셈이다.

"그는 아마 무의식적으로는 반역하고 죄악감을 느끼면서도 한층 더 순종하고 복종할 것이다. 그 반역은 간통, 우울증, 발작적인 분노, 정신·신체 질환, 전신의 조직 장애로 나타난다."[18]

이런 상태일 때 그들은 상대를 근본적으로 좋아하지는 않지만, 한편으로 그 사람 없이는 살 수 없다. '의존'과 '공포'가 '필요'와 '혐오'로 발전하는 것이다.

그들은 여성 공포증 환자이기도 하다. 가벼운 여성 공포증일 경우, 자신이 압도적으로 강한 위치에 서 있다면 그런대로 여성을 사귈 수 있지만 비슷한 위치에 놓여 있는 경우에는 그 공포증을 쉽게 떨쳐버릴 수 없다.

어머니다운 어머니는 아이의 세계를 인정해 주는 사람이다. 진정한 신뢰는 각자의 세계가 있더라도 그것이 상대방과의 관계를 무너뜨리지 않는 것이다.

자기만의 세계를 가져도 상대방을 잃지 않는다. 상대방을 존중하지 않는다고 해석되지도 않는다. 자기만의 세계를 가진다고 해서 그것이 상대방보다 소중한 것은 아니다. 그것이 상대방과의 관계를 오히려 친밀하게 만들 수도 있다.

상대방은 이쪽이 자기만의 세계를 가지는 것을 기뻐한다. 상대방도 자기만의 세계를 가지고 있기 때문이다. 각자 자기만의 세계를 가지고 있으면서도 서로 일체화된다. 물론 상대와 일체화된다고 해서 자기의 세계를 포기하는 것은 아니다.

하지만 서로가 근본적으로 만족하는 상태가 아닌 경우, 자기만의 세계를 가지는 것은 상대방을 배신하는 행위가 된다. '나는 당신만의 존재'라고 말했을 때, 서로에게 근본적인 만족이 없으면 나는 '나만의 세계'를 버려야 한다. 그러나 서로 심리적 만족이 있으면 '나는 당신만의 존재'라고 말했을 때 나는 다른 누구의 소유물도 아닌 '나만의 나'이기도 하다. 따라서 서로가 자기만의 세계를 가지고 있는 것을 기뻐한다.

정신적으로 성숙한 연애에서 '당신은 나만의 존재'라고 말했을 때, 그것은 상대의 세계를 부정하는 행위가 아니다. '당신은 나만의 존재'라고 말했을 때, 각자의 세계에 살고 있는 것도 인정하고 기뻐할 수 있어야 정신적으로 성숙한 연애다. 어디까지나 한 사람이지만 그와 동시에 두 사람이라는 것을 인정해야 정신적으로 성숙한 연애다.

자기실현을 연구한 심리학자 에이브러햄 매슬로Abraham Maslow
는 "자기실현을 이룬 사람은 모순을 견뎌낼 수 있다."고 말했다. 여
기에는 이런 의미가 포함되어 있을 것이다.

"의존 심리가 강한 남자는 자신이 남성인지 아닌지 진지하게
의심하게 되거나, 성적 불능 또는 동성애 같은 성적 착란을 초
래한다."[19]

성적 착란은 공범 의식 안에서의 성행위 같은 것이다. 이런 심리
에서 탄생하는 것이 인간관계 의존증, 애정 의존증이다. 마음속으
로 상대방에게 반역하면서도 그에게서 벗어나지 못한다. 상대방을
좋아하지 않지만 그에게 최선을 다하지 않고는 견디지 못한다.

가정 내 폭력도 애정 의존증이다. 아들은 어머니가 싫지만 어머니
로부터 벗어날 수 없다. 어머니를 좋아하지 않지만 어머니에게 사랑
받고 싶어 한다. 이런 심리 상태는 모두 마음의 지주가 존재하지 않
기 때문에 발생한다.

버림받을 수 있다는
공포를 느낀다

　누군가와 함께 있을 때 왠지 모르게 불쾌하고 답답한 '우울 상태'
에 빠진다면 심리적으로 그 사람에 대한 '무의식적인 반역'이 존재
한다는 것이다. 이러한 심리는 상대방이 어머니다운 모습을 보여
주지 않기 때문에 발생한다.

　연애를 해도 얼마 지나지 않아 연인과 함께 있는 것이 싫어진다.
그러나 그 연인에게서 벗어날 수 없다. 그러다가도 다른 연인이 생
기면 곧바로 떠난다. 하지만 얼마 지나지 않아 또다시 같은 행동을
되풀이한다.

　이런 사람은 연인을 원하는 것이 아니라 어머니를 원하는 것이
다. 이 여성에게서 다른 여성에게로 끊임없이 전전하는 돈 후안 같
은 남성은 여성을 원하는 것이 아니라 어머니를 원하는 것이다.

　어머니에 대한 애착이 남아 있는 남성이 연애를 할 때는 상대방
이 자신의 요구를 들어주지 않으면 즉시 '우울 상태'에 빠져 새로운
여성을 찾는다. 그러나 새로운 여성을 만나도 곧 똑같은 심리에 빠

지고, 똑같은 상황을 반복한다.

연인과 함께 있는데 불쾌해하거나 지나치게 복종하거나 반발하는 모습을 보이는 사람도 아직 근친상간적 애착 단계에 놓여 있는 것이다. 이는 어머니와 낯선 지역을 여행하는 아이의 심리 상태와 비슷하다. 아이는 길을 알 수 없어 불안하다. 혼자서는 갈 수 없다. 아이는 어머니가 싫지만 어머니에게 버려지는 것을 두려워한다. 그래서 겉으로는 어머니의 말에 순종하지만 무의식적으로는 어머니에게 반역한다.

사실, 어머니와 아이는 둘 다 서로에게 의존하고 있다. 현실 세계의 어머니는 '어머니다움'을 갖추지 못한 경우가 많다. 하지만 아이는 어머니의 무조건적인 사랑에 집착한다.

어린 시절, '착한 아이'를 연출한 아이는 성인이 되어 연인에게 '어머니다움'을 요구한다. 어머니다움을 갖추지 못한 어머니에게 집착하는 사람은 어리석다. 그가 원하는 것은 얻을 수 없는 것이기 때문이다. 이는 스키를 좋아하는 사람이 플로리다에서 눈이 내리기만을 기다리다가 죽는 것과 같다.

에리히 프롬은 "어머니에 대한 애착이 강한 남성은 어머니와 비슷한 아내를 선택한다."고 말한다. 현실적으로 어머니가 무조건적인 사랑을 충족시켜 주지 않았기 때문에 성인이 된 이후에 다른 여성에게 보호와 확실성을 요구하는 것이다.

사실, 어머니와 비슷한 사람을 선택해서는 안 되지만, 이것이 인간의 비극이고 딜레마다. 어머니의 사랑이 충족되지 않았기 때문에 어머니를 대신하는 사람에게 지속적으로 집착한다.

에리히 프롬은 "어머니에 대한 애착이 중증인 경우, 남성은 어머니와 매우 비슷한 여성을 아내로 맞이한다."고 말한다.[20]

그들은 심리적으로 죄수 상태와 다를 바 없다. 근친상간적 애착 때문에 아내를 두려워한다. 아내를 두려워하기 때문에 행동에 규제를 받는다. 또한 행동에 규제를 받기 때문에 아내에게 불만을 느끼고 무의식적으로 아내에게 반역한다. 바람을 피우는 것이다. 그리고 두려워하기 때문에 한층 더 순종하게 된다.[21]

상대방과의 관계에서 그들은 자신의 의지는 없고, '두려움'과 '반역'이라는 반응만 있을 뿐이다.

두려워하면 당연히 자유가 없다. 그러나 어머니에 대한 애착이 강해서 자유가 없는 것이지, 외부로부터 규제를 받아 자유가 없는 것은 아니다. 외부적으로 보면 그는 분명히 자유인이다.

극단적으로 말하면 무슨 짓을 하건 상관없지만 아내를 두려워하기 때문에 아무것도 할 수 없다. 그래서 아내에게 불만을 품는다. 자신이 하고 싶은 것을 아무것도 할 수 없다는 이유로 때로는 아내에게 적대감을 느낀다.

공포와 버림받을 수 있다는 불안은 내면세계를 구속한다. 내면세계에 힘과 독립성이 없으면 자기실현을 이루기 어렵다. 그리하여 사실 자신의 욕구를 억누르는 사람에게 매달리지 않고는 살아 갈 수 없다. 의존의 대상이 공포의 대상인 것이다.

어머니에 대한 지나친 애착은 사랑하는 능력을 파괴한다. 사람이 마음의 지주를 갖추고 자유로워지려면 가장 먼저 어머니에 대한 애착에서 해방되어야 한다.

끊임없이 자신을
칭찬해 주기만을 바란다

어머니에 대한 애착이 나르시시즘과 혼재하는 경우가 있다. 이에 관하여 에리히 프롬은 다음과 같이 설명한다.

> "이런 종류의 남성은 유아기에 어머니가 아버지보다 자신을 더 사랑하고 끊임없이 칭찬해 주고 아버지를 경멸한다고 느꼈던 사람이다. 이런 남성은 자신이 아버지보다 우수하다거나 나아가 어떤 남성보다도 우수하다고 생각하는 강한 나르시시즘을 가지고 있다." [22]

이 나르시시스틱Narcissistic 한 확신은 자신의 위대함을 증명하는 것과는 아무런 관련이 없다. "그 위대함은 어머니와의 관계 위에서 구성되어 있기 때문" [23] 이다. 어머니에 대한 애착에서 해방되지 못한 상태에 나르시시스트이기까지 한 남성은 특히 '다루기 어려운 사람'의 견본이다. 사람을 상대할 때 이런 사람만큼 다루기 어려운 상대도 없다.

"훌륭합니다! 당신은 멋진 사람입니다!"

이런 칭찬만을 연속적으로 되풀이해야 한다. 우울증 환자의 경우에도 마찬가지다. 우울증 환자는 끝없이 수용해 주기만을 원하기 때문이다.

> "이런 남성의 경우, 자신의 가치에 관한 감각은 전적으로 자신을 무조건적, 무제한적으로 칭찬해 주는 여성과의 관계와 결합되어 있다."[24]

그들은 끊임없이 칭찬해 주는 여성을 원하기 때문에 점차 비정상적인 여성에게 끌린다. 몇 번 뼈아픈 경험을 해도 역시 같은 타입의 여성에게 끌린다. 어머니에 대한 애착이 강한 데다 나르시시스트라는 본인의 심리를 치료하지 않는 한 계속 비정상적인 타입의 여성에게 마음이 끌릴 수밖에 없다.

사회적으로 아무런 가치도 없고 이용 가치가 전혀 없는 상태가 될 때까지 그는 같은 타입의 여성에게만 끌린다.

마음 깊은 곳에 존재하는 어머니에 대한 애착은 기생寄生이다.

> "그는 그 사람이 없이는 살 수 없다. 그리고 그 관계가 위협을 받으면 극도의 불안을 느끼거나 두려워한다."[25]

반대로, 어머니다운 어머니와의 관계는 결코 위협을 받는 일이 없다. 어머니다운 어머니는 아이를 버리는 경우가 절대로 없기 때문이다.

누구와도
마음을 터놓지 못한다

에리히 프롬은 "근친상간적 집착의 병리는 분명히 퇴행 단계에 해당한다."[26]고 하였다. 순서대로 다시 정리하자면, 근친상간적 애착 1단계의 병리적 징후는 의존과 공포가 강해지고, 이성이나 객관성과 갈등을 일으키는 것이다. 따라서 여성에게 의존하게 되고 그 여성을 절대적 확실성과 보호를 부여하는 우상으로 숭배하게 된다.

"절대적 확실성과 보호를 부여하는 우상으로 숭배하게 되면, 그 우상은 신성한 존재가 된다. 그것은 결코 비판할 수 있는 대상이 아니다."[27]

사이비 종교나 비정상적인 컬트 집단이 탄생하는 것도 이 때문이다.

여성에게 의존하기 때문에 여성을 두려워하고 여성의 마음에 들어야 한다고 생각한다. 어떤 여성이건, 설사 자신이 그 여성을 경멸

한다고 해도 그 여성에게서 미움을 받고 싶지 않다. 또 모든 여성에게 좋은 인상을 심어주려 하기 때문에 희생을 치르면서까지 상대 여성에게 맞추기 위해 노력한다. 한편으로는 희생이 뒤따르기 때문에 억울함도 느끼지만 아무런 불평을 할 수 없다. 이것이 '의존'과 '공포'다.

근친상간적 애착 2단계의 병리적 징후는 "완전한 인간적 존재로서 타인을 체험할 수 없다는 것이다." [28]

심리적으로 건강한 사람은 상대방이 외국인이건 내국인이건 인간으로서의 공감대를 느낄 수 있다. 문화의 차이를 초월해서 마음이 통하기 때문이다. 이것이 완전한 인간적 존재로서의 타인 체험이다.

반대로, 같은 나라, 같은 문화에서 성장을 했는데도 마음이 통하지 않는 경우도 있다. 에리히 프롬의 말처럼 이 단계의 병리적 징후를 보이는 사람은 '사랑하는 능력'이 파괴된다.

현재 사회적 문제로 크게 부각된 우울증 환자의 심리는 어머니에 대한 애착과 관계가 깊다.

우울증의 병전성격病前性格: 질병이 발생하기 이전의 성격인 집착증을 앓는 사람이 다른 사람들과 마음을 터놓지 못하는 이유는 완전한 인간적 존재로서 타인을 체험할 수 없기 때문이다. 누구와도 인간적 공감이 없기 때문이다.

어머니에 대한 애착이 강한 사람은 낯선 사람은 물론이고 친형제, 연인, 친구, 지인도 사랑하지 못한다. 부모가 되어도 아이를 사랑할 수 없다. 그러나 '인류'나 '조국'은 사랑할 수 있다. '인류'나 '조국'은 숭배의 대상이 될 수 있고, 우상은 곧 신성한 존재가 될 수 있기 때문이다. 따라서 어머니에 대한 애착이 강한 나치의 청년들은 "아버지의 말은 거역해도 히틀러에게는 충성을 다하겠다."고 맹세했다. 아버지는 '확실성과 보호'를 부여해 주지 않는다. 숭배의 대상으로서 우상화할 수도 없다. 이것이 애국주의자의 무서운 부분이다. 진정한 애국심이란 어머니에 대한 애착을 초월한 사람들이 가진 국가에 대한 사랑이다.

근친상간적 애착 3단계의 병리적 징후는 "독자성이 없고 자신의 신념을 가지지 못하며, 몸을 위탁하는 데에 자유롭지 않다."[29]는 것이다.

'진정한 자신'을 만나려면 어머니에 대한 애착에서 해방되어야 한다. 자기 자신이어야 한다는 것은 '진정한 자신'이어야 한다는 의미다.

어머니에 대한 애착이 강한 사람은 "항상 민족적, 국가적, 종교적이라는 식으로 말하는데, 이는 감옥과 같은 어머니에 대한 애착과 연결되어 있다."[30]

어머니에 대한 애착에서 어느 정도나 해방될 수 있는가 하는 것은 어느 정도나 '진정한 자신'이 될 수 있는가 하는 것과 같다.

즉, 어머니다운 존재에 대한 바람이 어느 정도나 충족되었는지가 어느 정도나 '진정한 자신'이 될 수 있는가를 말해주는 것이며, 어느 정도나 자신의 인생을 스스로 책임을 질 수 있는가를 말하는 것이다.

사람은 어머니다운 존재에 대한 바람이 충족되어야 마음의 지주를 얻을 수 있다.

'진정한 자신이 될 수 있다'는 것은 무슨 일이 발생했을 때 다른 사람에게 책임을 전가하지 않는 것, 다른 사람을 위해 일할 수 있는 것, 다른 사람을 지켜줄 수 있는 것이다. 아울러 다른 사람을 사랑할 수 있는 것이다. 아울러 자신의 의지를 가지는 것이다. 카렌 호나이가 말하는 적극적 감정을 가질 수 있는 것, 다른 사람이 시키는 대로 움직이지 않는 것 등도 포함된다.

마음의 지주를 원한다면 부자가 되려고 하기보다는 진정한 자신을 바로 세워야 한다.

인간은 어머니에게 충분한 사랑을 받아야 어머니에 대한 애착에서 해방될 수 있고 적극적인 에너지를 발휘할 수 있다. 또 다른 사람을 사랑할 수 있는 능력도 만들어진다.

사랑하는 능력이 있기 때문에 온갖 부담이 난무하는 험난한 인생을 헤쳐 나갈 수 있다. 성인이 사회에서 살아가려면 당연히 이런 에너지가 필요하다.

어머니에게 충분한 사랑을 받지 못한 사람은 가솔린이 없는 자동차를 타고 드라이브를 하라고 강요받는 것과 같다. 아니면 따뜻한 코트 없이 겨울을 지낼 것을 강요받는 것과 같다. 따라서 살아가는 것 자체가 고통이다.

그러나 바꾸어 생각해 보면 그런 상태에서도 지금 이렇게 살고 있다는 것은 코트 없이 겨울을 버텨냈다는 의미이기도 하다. 이것은 위대한 결과다. 어머니다운 어머니에게 사랑을 받지 못한 사람이 마음의 지주를 얻으려면 자신의 이런 위대함을 빨리 깨닫는 방법밖에 없다.

3장

원점을 직시하는
용기가 필요하다

일생을 통하여 '어머니다움을 갖춘 존재'를 발견할 수 있다면
그의 인생은 부담과 비극으로부터 해방될 수 있을 것이다.

– 에리히 프롬

나를 둘러싼 속박에서
벗어나야 한다

프리다 프롬 라이히만Frieda Fromm Reichmann은 우울증 환자를 낳는 가정의 특징에 관하여 이렇게 언급했다.

> "우울증에 걸리는 아이는 어린 시절에 가족의 위신을 높이는 데에 중요한 담당자로 선택된다. 그리하여 '너는 누구인가'가 아니라 '너는 무엇을 하는가'를 기준으로 부모의 승인을 얻는다." [31]

다시 말해서 '나는 OO 집안의 차남'이라는 것만으로는 그 집안에 받아들여지지 않을 뿐 아니라 부모의 승인조차 얻을 수 없다는 것이다. 따라서 어디까지나 학교에서 좋은 성적을 올리고, 지역 사회나 친척들 사이에서 예의 바르게 행동하여 부모의 자랑거리가 되어야 한다.

이 경우 아이는 안심하고 보호를 받으며 성장할 수 없다. 어머니라는 커다랗고 따뜻한 품에 안겨 성장한다는 느낌도 가질 수 없다. 그는 어린 시절부터 기업의 전사처럼 혹독한 경쟁 사회에 놓인 상태이고, 그 결과 무조건적인 사랑에 대한 욕망이 충족되지 않는다.

에리히 프롬에 의하면, 근친상간에 대한 애착은 자신의 나르시시즘을 충족시키려는 갈망이며, 책임, 자유, 의식성에 따르는 부담에서 벗어나려는 갈망이고, 무조건적인 사랑에 대한 갈구다.

'육친의 사랑'이라고 말할 때 쉽게 떠올릴 수 있는 것은 '무조건적인 사랑'이다. 무조건적인 사랑이라는 것 자체가 가능한 것은 아니지만, 육친의 사랑을 바탕으로 성장한 사람 쪽이 심리적으로 더 성숙한 이유는 근친상간적 욕망이 해소되기 때문이다. 이들은 애정에 대한 결핍이 없고 사람을 믿을 수 있다.

가족의 평판을 높이기 위한 수단으로 성장한 아이는 근친상간적 욕망이 충족되지 않았다. 우울증에 걸리는 사람은 어린 시절 '가족의 위신을 높이기 위한 봉사를 요구당한' 경험을 가지고 있다. 가족의 위신을 높이기 위한 봉사를 요구당할 경우, 아이는 애정 충족에 관해서는 욕구를 완전히 단념해야 한다. 그 결과, 무거운 중압감을 견디지 못하고 좌절하게 된다.

무조건적인 사랑에 대한 충족을 단념하는 것과 내부에서 그것을 소화시키는 것은 의미가 전혀 다르다. 아무리 무조건적인 사랑에 대한 충족을 단념하려고 해도 마음속에는 계속 그 욕구가 남아 있고 작용한다. 따라서 성인이 된 이후에도 끊임없이 그 욕구가 충족

되기를 바라며 마음의 지주를 찾아 헤맨다. 그러나 그가 가는 길에 마음의 지주는 존재하지 않는다. 결국에는 무기력해지고 고통스러워질 뿐이다.

무조건적인 사랑이 충족되지 않았기 때문에 무엇인가 확실한 대상에 집착하지 않고는 살 수 없다. 하지만 그렇게 마음 놓고 집착할 수 있는 대상은 이 세상에 존재하지 않는다. 그렇기 때문에 싸우기도 전에 불가능하다는 판단을 내리고 의욕을 잃는 것이다. 이것이 우울증 환자의 특징적 사고인 '게임 이스 오버!Game is over'다. 싸우려면 확실한 대상을 의지해야 하는데, 우울증 환자에게는 그 대상이 존재하지 않는다. 그들의 마음속에 자리 잡고 있는 '쇠퇴 증후군'도 적극적인 전력과 의욕을 떨어뜨리는 데 일조한다.

쇠퇴 증후군이란 에리히 프롬이 말하는 나르시시즘과 네크로필리아Necrophilia: 죽음을 애호하는 성향와 근친상간적 욕망이 연결된 것이다. 우울증 환자들이 건강한 사람과 관계를 가지지 못하는 이유는 바로 이 쇠퇴 증후군을 앓고 있기 때문이다.

사랑을 받으며 성장한 사람은 속박에서 벗어나려 한다. 그러나 사랑을 받지 못하며 성장한 사람은 속박에서 벗어나지 못한다.

진정한 마음의 지주가
있는지부터 자각한다

모든 일에 지나치게 책임감이 강하고 완벽해서 다른 사람에게 일을 맡기지 못하는 성격을 '집착성 기질' 혹은 '멜랑콜리형 성격 Typus melancholicus'이라고 한다. 이런 완벽주의자들과 우울증의 병 전성격에 해당하는 사람들은 아무리 열심히 일을 해도 공허함에서 벗어나지 못한다. 유아기에 근친상간적 욕망이 충족되지 못했기 때문이다. 그래서 성인이 된 이후에 끊임없이 명성을 추구하지만, 심층에 있는 공허함은 사라지지 않는다.

권력 추구도 마찬가지다. 집착에 가까울 정도로 권력을 추구하는 이유는 공허함을 충족시키고 싶기 때문이다. 그러나 아무리 막대한 권력도 심리적 공허함을 해소해 주지 못한다. 그래서 더 큰 권력을 추구한다. 끊임없이 권력을 추구하다가 고통 속에서 일생을 마치는 정치가가 얼마나 많은가.

무조건적인 사랑을 충족시켜 주는 것은 명성도 아니고, 일에서의 성공도 아니다. 우정도 아니고 연애도 아니며, 권력도 아니다.

성실함도 아니다.

어머니다운 존재의 사랑은 우정이나 연애와는 성격이 다르다. 유아기에 어머니다운 존재를 경험하지 못한 사람은 평생 마음속에 충족되지 못한 공간을 가진 채 살아갈 각오를 하는 수밖에 없다. 그런 자각과 각오가 있어야만 인생에서 올바른 길로 걸어갈 수 있다. 그리고 그때가 되어야 구원의 빛이 보인다.

정말로 훌륭한 친구가 생겼다고 해도 친구가 줄 수 있는 것은 연인이 줄 수 있는 것과 다르다. 좋은 친구가 있다고 해서 연애를 할 필요가 없는 것은 아니다. 연애는 연애고, 우정은 우정이다.

문제는 '어머니다운 존재에 대한 바람'이 충족되지 않으면 연애나 우정 등 모든 인간관계가 제대로 풀리지 않는다는 것이다. 이 경우 어머니다운 존재를 대신할 수 있는 대상으로 권력이나 명성을 추구하게 된다.

어머니다운 존재를 얻을 수 없기 때문에 그것을 대신할 수 있는 마음의 지주를 찾아 권력, 명성을 추구하지만 그것은 어디까지나 '대신'일 뿐이다. 설사 그것을 얻는다고 해도 대리만족에 지나지 않는다. 내재해 있는 강인함이란, 이 유아적 바람을 충족시켜 심리적으로 성인이 되는 것이다. 그러나 어머니다운 존재에 대한 바람이 어느 정도 충족되지 않으면 타인을 지나치게 중시하게 된다. 즉, 사람들이 '이렇게' 생각하는 것이 억울하다거나 지인이 '그렇게' 생각하는 것이 화가 난다는 식으로 다른 사람들을 자신의 인생에서 지나치게 큰 위치를 차지하게 만드는 것이다.

전형적인 예가 대인 공포증을 앓고 있는 사람들이다. 그들은 다른 사람들의 평가가 곧 자신의 가치라고 생각한다. 어머니다운 존재에 대한 바람이 충족되는 과정을 거쳐 자신의 가치를 믿게 되는 경험을 하지 못했기 때문이다.

그래서 '이렇게 하지 않으면 안 된다'는 식의 '구속'이 생겨나고, 자신의 인생은 '이러이러하지 않으면' 만족할 수 없다는 식의 '맹신'에 빠져 심리적 만족을 추구하며 필사적으로 발버둥을 친다.

그 원점에 존재하는 것은 어머니다운 존재에 대한 바람이다. 반대로, 심리적 만족을 추구하며 발버둥을 친다는 것은 어머니다운 존재에 대한 바람이 충족되어 있지 않다는 방증이다.

어머니다운 존재에 대한 바람을 충족시키기 위해 우정을 추구하기 때문에 우정에 실패한다. 그리고 '친구에게 배신당했다'고 원망한다. 어머니다운 존재에 대한 바람을 충족시키기 위해 연애를 하기 때문에 연애에서 실패한다. 그리고 '그 여자에게 속았다', '그 남자에게 속았다'고 과거의 연인을 원망한다. 친구나 연인이 충족시켜 줄 수 없는 것을 그들에게 바라는 것이 문제라는 것을 모른다.

권력을 얻으려고 하는 것도 마찬가지다. 어머니다운 존재에 대한 바람을 충족시키기 위해 권력을 추구하기 때문에 마지막에는 좌절을 맛본다. 어머니다운 존재에 대한 바람을 충족시키기 위해 사회적 성공을 추구하기 때문에 실패한다. 권력을 얻는다고 해도 끊임없이 더 큰 권력을 추구한다. 그런 사람들의 특징은 성공하기 위해 지나치게 서두른다는 것이다. 성공은 일의 결과로 주어지는 것이지만 그 시간을 기다리지 못한다.

그들이 바라는 것은 일의 결과로 나타나는 성공이 아니라 어머니다운 존재에 대한 바람을 충족시키기 위한 성공이다. 어머니다운 존재에 대한 바람이 충족되지 않는 심리를 치유하기 위한 성공인 것이다. 그렇기 때문에 일을 단계적으로 진행하기 어렵다.

거기에 어울리는 실력이 갖추어져 있지 않은데도 단번에 화려한 성공을 추구한다. 설사 운이 좋아 성공을 거둔다고 해도 그에 걸맞은 실력을 갖추고 있지 않기 때문에 다음에는 실패한다. 어머니다운 존재에 대한 바람을 충족시키기 위해 사회적 성공을 추구하는 경우에는, 꾸준한 노력 없이 단번에 승부를 내는 화려한 성공을 추구하기 때문에 결국에는 실패한다.

반대로, 어머니다운 존재에 대한 바람이 충족된 경우는 우정을 우정으로 추구한다. 연애를 연애로 추구하고, 일에서의 성공은 노력에 의한 성공으로 추구한다. 그렇기 때문에 결과적으로 모든 일이 잘 풀려나간다.

여기서 중요한 점은, 마음의 지주가 어떤 상황에서 갖추어지는지 정확하게 이해하고, 자신의 과거를 반추하고 현재 상황을 적용해 보아야 한다는 것이다.

만약 자신이 어머니다운 어머니 밑에서 성장하지 못했다는 사실을 깨달았다면, 일차적으로 마음의 지주가 갖추어져 있지 않다는 사실을 인정하고 자각해야 한다. 이런 자각 없이 자신은 마음의 자유와 독립을 유지할 수 있는 사람이라고 생각한다면 잘못된 길로 접어들 수밖에 없다. 아울러 지금 자신이 마음의 지주로 삼고 있는 것이 진정한 마음의 지주인지, 아니면 가짜 지주인지도 다시 돌아보아야 한다.

사랑을 받으며 성장한 사람은 속박에서 벗어나려 한다. 그러나 사랑을 받지
못하며 성장한 사람은 속박에서 벗어나지 못한다.

자신의 분노와 초조함의
원인을 찾아낸다

　스스로 생각할 때 아무래도 어머니에 대한 애착이 강하고, 그 영향을 깊이 받고 있다고 생각하는 남성은 연인으로 연상의 여성을 선택하는 것이 좋다. 여기에서의 연상은 심리적인 연령을 기준으로 삼는다. 물론 육체적, 사회적으로 연상인 경우에도 나쁘지 않지만 그 사람의 심리적 연령이 연하일 경우 그 선택은 최악이다.

　육체적 연령이나 사회적 연령이 연상인 경우, 어머니에 대한 애착이 강한 남성은 연상의 여성이 가진 어머니의 이미지에 왠지 모르게 이끌린다. 원래 어머니에 대한 애착이 강한 남성은 여성을 보는 눈이 없기 때문에 일반적으로 연인도 최악의 상대를 선택하는 경우가 많다.

　따라서 본인이 어머니에 대한 애착이 강하다고 생각한다면 연인을 선택할 때에 특히 주의를 기울여야 한다. 끊임없이 다른 여성을 만나는 돈 후안과 같은 면이 자신에게 있다면 어머니에 대한 애착이 강하다고 보면 된다.

돈 후안은 어머니다움이 무엇인지 모른다. 여성과 어머니를 구별하지 못한다. 그 때문에 사랑을 하면 즉시 상대방에게 불만을 느껴 관계를 지속하기 어렵고, 결국 새로운 사람을 찾아 나선다.

어머니에 대한 애착이 강한 남성은 허공을 떠다니는 것과 같다. 바람이 부는 대로 허공을 떠다니다가 떨어지면 그곳은 지옥이다. 지옥으로 떨어졌을 때에는 에너지가 모두 상실된 상태이기 때문에 일어날 수 없다.

그가 이처럼 허공을 떠다니는 이유는 마음속에 중심이 없기 때문이다. 그래서 그 중심점이 될 여성, 마음의 지주가 될 여성, 자신을 칭찬해 주는 여성을 찾아 끊임없이 떠돈다. 하지만 그런 칭찬에는 진심이 담겨 있지 않다. 말뿐인 칭찬이기 때문이다. 결과적으로, 자신을 정말 소중하게 생각해 주는 여성이 아니라 달콤한 말만 속삭이는 여성을 찾아다니는 것이다. 그런 여성을 찾아다니는 이유는, 겉치레일 뿐인 달콤한 칭찬을 듣고 자신을 인정해 주는 것이라고 착각하기 때문이다.

본질을 이해하기 쉽도록 약간 극단적인 설명을 한다면, 어머니에 대한 애착이 강한 남성의 이런 심리는 학대를 받으면서 기뻐하는 것과 같다.

정직하고 성실한 여성은 어머니에 대한 애착이 강한 남성과 오랫동안 사귀기 어렵다. 이런 여성은 남성을 소중하게 생각하며 이런저런 격려나 제안을 하기 때문이다.

그러나 어머니에 대한 애착이 강한 남성이 원하는 여성은 에리히 프롬의 말처럼 '받들어주는 여성'이다. 그가 원하는 것은 "당신은 정말 대단해요!"라는 말 이외에 아무 말도 하지 않는 여성이다. 제안을 하거나 격려를 하면 그는 화를 낸다. 그가 원하는 격려는 오로지 "저 사람에 비하면 당신은 정말 대단해요!"라는 칭찬뿐이다.

정직하고 성실한 여성은 연인이 무엇인가 어리석은 짓을 하려 할 때 당연히 말린다. 하지만 어머니에 대한 애착이 강한 남성은 그런 제재를 받으면 화를 낸다. 그의 발작적인 분노나 초조감은 그에게 마음의 지주가 없다는 것의 방증이다. 이와 반대로, 받들어주는 여성을 만나면 그는 즉시 마음이 들뜬다. 순간적으로 뜨거운 사랑의 포로가 된다.

빨리 달아오르고 빨리 식는 이유도 마음의 지주가 없기 때문이다. 칭찬을 듣고 즉시 달아오르다가도 상대방이 무엇인가 요구를 하면 즉시 식어버린다. 식어버릴 뿐 아니라 어떤 경우에는 증오로 발전하기도 한다.

어머니에 대한 애착이 강한 남성은 기본적으로 깊은 상처를 안고 있는 사람이다. 자신이 어머니에 대한 애착이 강한 남성이라고 생각된다면, 언제 어디에서 무엇에 그렇게까지 깊은 상처를 받은 것인지 진지하게 되짚어 보아야 한다. 그리고 자신의 분노와 초조감의 정체를 확실하게 찾아내야 한다.

지금 주변에 있는 여성은 그를 구원해 줄 수 있는 존재가 아니다.

본인이 내면의 자아와 정면으로 맞서서 무엇이 문제인지 확실하게 인식하고 도움을 요청하는 것 이외에 살아갈 수 있는 방법은 없다.

우선, 본인의 심리적 문제가 무엇인지를 살핀다. 용기를 가지고 마음속을 들여다보면 스스로를 멸시하고 있다는 사실을 알 수 있다. 만약 자기 멸시를 하고 있다는 사실을 깨닫게 되면 현재 자신은 주변 사람들로부터 인정받고 있는 것이 아니라 이용당하고 있는 것이라는 사실도 알 수 있다. 지금까지 인정받고 있다고 생각했지만 사실은 농락을 당하고 있었던 것이다.

심리적 문제의 중대성을 깨닫고 진지하게 '도움'을 요청했을 때, 비로소 독사처럼 나쁜 여성으로부터 벗어날 수 있다. 사회에서 살아가기 힘든 심리적 문제를 끌어안고 있지 않은가? 심리적 문제를 자각해야 하는 것도 이 때문이다. 자신이 사회적으로 책임을 지고 인간관계를 만들어가기 어려운 사람이 아닌가 되돌아보는 자아 성찰이 필요하다.

미국의 임상심리학자 댄 카일리Dan Kiley가 피터팬신드롬에 해당하는 사람에 대해 '사회적 부적응자'라는 말을 사용했듯, 어머니에 대한 애착이 강한 남성 또한 사회적 부적응자다.

사람은 일차적으로 어머니의 무조건적인 사랑을 원하기 때문에 그것부터 충족하고자 한다. 무조건적인 사랑이 충족되지 않은 사람이 연애를 할 경우는 어떠할까? 상대에게 어머니다움을 원한다. 그래서 연인의 모든 언행에 불만을 품는다. 그것은 매우 부당한 불만이라는 사실을 머리로는 이해하면서도 감정적으로는 그 불만을 떨쳐버리지 못한다.

그는 결혼을 해도 독신일 때와 같은 마음으로 살아간다. 독신일 때처럼 생활하지 못할 경우, 배우자에게 불만을 품는다. 결혼을 해도 독신 시절과 마찬가지로 친구나 동료들과 늦은 시간까지 술을 마시고 싶고 이성들과 자유롭게 어울리고 싶어 한다.

독신이고 싶다는 마음과 결혼하고 싶다는 마음은 모순되지만 그는 이 모순을 가능하게 만들어주는 여성을 찾는다. 그런 대상은 어머니 이외에는 없다는 사실을 모른다. 만약 그런 여성이 존재한다면, 그를 이용하려는 나쁜 여성일 뿐이다. 성실한 여성은 그와 함께 생활할 수 없다.

한마디로 정리하면, 어머니에 대한 애착이 강한 남성은 결혼을 해도 결혼에 따르는 책임은 지기 싫어한다. 결혼에 따르는 책임을 요구하지 않는 여성이라면 결혼을 해도 좋다고 생각한다.

연인이 생겼을 때도 마찬가지다. 연인이 생겨도 연인이 없을 때와 마찬가지로 자유롭게 살고 싶다. 호감이 가는 새로운 여성이 있으면 그 사람과 자유롭게 만나고 싶다. 마음에 드는 여성이 있으면 자유롭게 그 사람을 찾아가고 싶다.

우울증 환자가 원하는 '따뜻한 무관심'도 이런 것이다. '따뜻한 무관심'은 독선적인 요구다. 자신에게 관심을 주기를 바라면서 자신을 자유롭게 내버려두라는 것이다.

이런 사람은 어머니 이외에는 없다. 다시 말하자면 우울증 환자가 원하는 것은 어머니다운 존재인 것이다.

물론, 우울증 환자가 '따뜻한 무관심'을 원하는 심리는 이해할 수 있지만 계속 이것만을 추구한다면 행복해질 수 없다. 따라서 자신의 과거를 있는 그대로 받아들인 다음, 자립해야 한다.

사랑받지 못했던 아픔을
긍지로 바꾼다

어머니다운 존재를 체험하지 못한 사람이 마음의 지주를 얻으려면 '사랑받지 못했다'는 사실을 있는 그대로 받아들여야 한다. 동시에 그것을 '나는 혹독한 환경에서 단련되어 온 사람'이라는 긍지로 바꾸어야 한다. 그런 자부심이 마음의 지주가 된다. 혹독한 시련을 견뎌내면서 지금까지 잘 살아왔으니 얼마나 자랑스러운가.

아픔이 긍지로 바뀌면 사람도 바뀐다. 그것이 어머니다운 어머니의 사랑을 모르는 사람이 마음의 지주를 얻는 방법이다.

사실, 어머니다운 어머니의 사랑을 경험한 사람은 거의 없기 때문에 대부분의 사람들은 진정한 의미에서의 마음의 지주가 없다. 유감스럽게도 인간은 부모의 역할을 할 때, 다른 동물에 비하여 크게 뒤떨어진다. 특히 어머니다운 존재로서의 인간은 다른 동물에 비하면 극단적으로 능력이 뒤떨어진다. 사실 요즘 같은 시대에 어머니에게 어머니다움을 기대하는 것이 잘못인지도 모른다. 인간의 능력은 그 정도로 대단하지 않다.

따라서 마음의 지주를 얻으려면 단단히 각오를 해야 한다. 결단을 해야 한다.

혹독한 사회적 환경에서 꿋꿋하게 살아남으면 사람들은 그를 '잘 단련된 사람'이라고 평가한다. 마찬가지로 혹독한 심리적 환경에서 살아남으면 그것 역시 '잘 단련된 사람'이라고 평가할 수 있을 것이다.

그러나 유감스럽게도 현실적으로 그런 평가는 없다. 다른 사람의 마음을 들여다보거나 이해하기는 어렵기 때문이다. 반면에 스스로는 이 부분을 평가할 수 있다. 인간이 다른 동물보다 우수한 점이 있다면 '자신을 극복할 수 있다는 것'이다.

신은 인간을 다른 동물처럼 단순하게 행복해질 수 있는 존재로 만들지 않았기 때문에 대부분의 사람들은 어머니다운 존재를 경험하지 못한 상태로 지금까지 살아왔다. 사실은 이미 오래전에 목숨을 잃었어도 전혀 이상할 것이 없다. 애정이 적은 부모 밑에서 자란 사람이 생명력이 없는 사람으로 성장하는 것은 당연하기 때문이다.

그런데도 지금까지 잘 버티며 살아왔다. 이것은 환경을 이겨낼 수 있는 엄청난 에너지를 가지고 있다는 증거다. 어머니다운 어머니와의 커뮤니케이션에 의해 탄생하는 에너지가 갖추어져 있지 않은 상태에서도 지금까지 잘 살아왔다. 자신이 가진 강인한 에너지를 믿어야 한다.

냉정하게 생각하면 본인이 '대단하다'는 사실을 즉시 깨달을 수 있을 것이다. 이처럼 정말로 자신의 능력을 깨닫고 자신을 믿는 것이 마음의 지주를 만들어낸다.

어머니다운 존재가 없는 세상에서 살아남은 자신의 능력을 믿는 것은 어떤 권력이나 명성보다 본질적인 마음의 지주다.

끝없는 수용에 대한 바람은
퇴행적 욕구다

프리다 프롬 라이히만의 말처럼 우울증 환자는 사랑을 원한다. 우울증 환자가 원하는 사랑은 남녀 간의 사랑, 사제지간의 사랑, 형제지간의 사랑처럼 개인으로서의 확립이 이루어진 사람끼리의 사랑이 아니다. 보다 근원적인 사랑으로, 개인이 확립될 수 있는 기반이 되는 사랑이며 살아가기 위한 마음의 지주가 될 수 있는 사랑이다.

우울증 환자에게는 살아가는 데 필요한 기반이 되는 사랑이 없다. 살아가기 위한 기반이 없으면 여러 가지 바람직하지 않은 현상들이 나타난다. 억울한 마음, 초조함, 막연한 우울증, 죄책감, 주저하는 버릇, 수동성, 무력감, 생명력 저하, 전신 권태감, 피로감, 목이 막히는 느낌, 입이 마르는 증상, 위통, 구토 증세, 변비, 설사, 지나친 가스 발생, 귀울림, 현기증 등 우울증의 여러 증상들은 '살아가는 기반이 없을 때'에 나타나는 증상들이다.

우울증을 주제로 오모리 겐이치大森健一가 쓴 논문 가운데 〈우울

중 환자와 분위기〉, 〈우울증의 정신병리〉를 자주 참고하는데, 이 논문들에 의하면 우울증 환자가 원하는 관계는 다음과 같은 세 가지라고 한다.

1. 밀착의 관계
2. 수용의 관계
3. 중심의 관계

이 세 가지야말로 에리히 프롬이 말하는 근친상간적 애착의 병리적 징후 2단계에 해당할 것이다.

우울증 환자들은 항상 '자신을 받들어주기를' 바란다. 앞에서 설명한 어머니에 대한 애착에서 해방되지 못한 나르시시스트 남성이 대표적인 우울증 환자다. 지극히 자기중심적이다. 모든 것이 자신을 위해 움직여주기를 바란다.

이들은 자신을 무조건적으로, 무제한적으로 칭찬해 주는 여성과 결합하고 싶어 한다. 우울증에 걸리는 사람은 자신에게 결점이 있음에도 불구하고 상대방이 사랑하고 이해해 주는 것이라고는 생각하지 않기 때문에 끝없는 수용을 원한다. 반대로 상대방이 자신을 사랑하고 있다고 믿으면 '끝없는 수용'은 원하지 않는다.

또 우울증 환자들은 감정을 제대로 표현하지 못하기 때문에 마음속에 부정적 감정이 계속 축적된다. 그 결과, 주변 사람들을 싫어하게 되고, 나아가 일반적으로 사람들도 기피하게 된다.

'끝없는 수용'을 원한다는 것은, 무서워서 싸움을 할 수 없기 때문에 싸움을 하지 않아도 되는 상대를 원하는 것과 같다. 불안한 상황에 놓이고 싶지 않은 것이다.

일반적인 사람들은 감정을 솔직하게 드러낸다. 그렇기 때문에 싸움을 하는 방법을 통해서라도 쌓인 감정을 털어내서 관계를 유지할 수 있다. 반대로 끝없는 수용을 원한다는 것은, 갈등이 전혀 없는 편한 관계만을 원하는 것이다.

끝없는 수용을 원하는 사람은 성인이 된 이후에도 자신을 둘러싼 사람들이 어머니다운 존재이기를 바라지만 성인이 된 이후에는 이런 환경을 얻을 수는 없기 때문에 '가벼운 불안감과 우울 상태'에 빠진다.

그들은 '자신의 모든 것을 수용해 주는 존재'를 원한다. 그것은 독선적, 자기중심적, 이치에 맞지 않는 바람, 의존적인 마음과 같은 유아적 욕구를 모두 수용해 주는 사람이다.

즉, 어떤 행동을 해도 이해해 주고 보호해 주는 사람, 어떤 죄도 용서하고 수용해 주는 사람, 이른바 '퇴행적 욕구'를 모두 수용해 주는 사람을 원한다. 지금까지 살아온 것처럼 적극적이고 전향적이며 멋진 사람이어야 했던 자신이 아니라, 마음속에 존재하는 퇴행적 욕구를 이해하고 그것을 수용해 주는 사람을 원한다. 지금까지 살아온 것처럼 규범의식이 강하고 멋진 자신이 아니라, 자신의 내부에 존재하는 퇴행적 욕구를 이해하고 수용해 주는 사람을 원한다. 일에 열성적인 태도를 보이며 성실하게 노력해 온 자신이 아니라 어머니의 태내로 돌아가고 싶어 하는 퇴행적 욕구를 가진 자신을 수용해 주는 사람을 원하는 것이다. 스스로 책임을 지지 않아도 되는 상태, 태어난 이후에 지금까지 결코 허용되지 않았던 세계를 바라는 것이다.

'끝없는 수용'은 사랑이 없는 세계에서 성장해 온 사람의 절규다. 끝없는 수용에 대한 바람은 결국 일체감에 대한 욕구이며, 책임이 있는 '개인'이 소실된 세계다.

지금까지 살아오면서 성숙하지 못한 자신의 심리를 이해해 주는 사람이 한 명도 없었던, 심리적으로 고립된 상태에서 살아온 사람이 주변 세계와 일체화되고 싶어 하는 바람이 '끝없는 수용'의 욕구로 나타난다.

이것은 세상과의 화해이며 질책을 듣지 않아도 되는 길이다. 지금까지 살아오는 동안, 늘 주변 세계는 그들을 적대했고 끊임없이 질책했다. 따라서 항상 적진에 놓여 있는 듯한 불안한 심리 상태에 휘둘려야 했고, 비난을 받아야 할 대상은 늘 자신이었다.

그들은 살아가기 위해 주변 세계와 화해해야 할 필요가 있다고 생각한다. 주변 세계로부터 "당신은 나쁘지 않습니다. 우리는 당신을 질책하지 않습니다."라는 말을 듣고 싶어 한다. 그들이 원하는 세계는 자주성, 자립, 자유, 책임, 자발성, 능동성, 근면함, 자아의 확립, 규범 등의 바람직한 사회적 성격에서 해방된 세계다.

끝없는 수용에 대한 바람은 고립된 상황에서 외로움 때문에 비명을 지르며 살아온 사람의 간절한 절규다. 사회적으로 성인이 되었지만 마음은 아직 어린아이 상태에 놓여 있는 사람이 보내는 구원의 요청이다.

퇴행적 욕구를 억누르고 있는 사람은 사소한 문제만 발생해도 즉시 침울해진다. 진정한 욕구가 충족되어 있지 않기 때문이다. 마음의 지주가 없기 때문이다.

기본적 욕구가 충족되면 마음의 지주가 갖추어지기 때문에 무슨 일이 발생하더라도 얼마 지나지 않아 다시 활기를 되찾을 수 있지만 기본적 욕구가 충족되지 않은 경우는 마음의 지주가 갖추어져 있지 않기 때문에 활기를 되찾기 어렵다.

물론 기본적인 욕구가 충족되어 있지 않아도 활기가 있는 '척' 행동할 수는 있다. 하지만 그것은 어디까지나 '척'이지 진정한 활기는 아니다.

여기까지 견뎌낸 자신을
마음의 지주로 삼는다

우울증 환자가 원하는 '끝없는 수용'은 에리히 프롬이 말하는 근친상간적 애착의 병리적 징후 2단계다. 이 단계에서는 어머니처럼 시중을 들어주면서 아무런 요구도 하지 않는, 즉 무조건적으로 의지할 수 있는 여성을 원한다.

끝없는 수용을 원한다는 것은, 어머니다운 존재, 아무런 요구도 하지 않는 사람을 원한다는 것이다. 이것이야말로 마음의 중심이 갖추어져 있지 않기 때문에 발생하는 욕구다. 마음의 지주가 없기 때문에 어머니처럼 시중을 들어주는 여성을 원하는 것이다. 따라서 마음의 지주가 있는 사람보다 그때그때의 분위기에 더 큰 영향을 받아 기분이 들뜨거나 불쾌해진다.

에리히 프롬은 '신경증적 이타주의'라는 말을 사용한다. 신경증적 이타주의는 어떻게 발현될까?

대표적인 증상은 우울증이다. 이타주의자라면 활기가 넘쳐야 한다. 이타주의자라면 자기 집착이 없어야 한다. 따라서 고민도 적을 것이다.

하지만 신경증적 이타주의에 해당하는 사람은 우울 상태에 빠진다. 이타주의자라면 인간관계가 원활해야 하지만, 신경증적 이타주의는 애정 관계에서도 실패를 맛본다는 특징을 보인다.

신경증적 이타주의자는 자신보다는 타인에게 초점을 맞추고 그들을 위해서 살아가는 사람이다. 그러나 실상 그들은 스스로 불행하다고 느낀다. 그 이면에는 강한 이기주의가 숨어 있다. 사랑에 굶주린 탓에 자신이 사랑받고 싶어서 타인을 사랑하는 것이다.

신경증적 이타주의에 해당하는 사람은 '이타주의'라는 심리적으로 바람직한 상태에 이를 정도로 성숙하지 못한 상태에서 이타주의적인 행동을 하도록 강요를 당한 사람이다. 그런 무리를 했기 때문에 신경증에 걸리는 것이다.

행동을 강요당한다는 것은, 버려질 것에 대한 두려움과 불안감 때문에 이타주의인 것처럼 행동했다는 뜻이기도 하다.

"바보라도 나는 사랑받는다. 바보라도 나는 받아들여진다."

이런 안도감이 있어야 사람은 안정감 있게 살 수 있다. 마음을 놓을 수 있는 분위기 안에서 심리적인 성장을 이루어야 진정한 이타주의가 될 수 있다.

우울증에 걸리는 사람은 태어났을 때부터 성인으로 자라는 동안 이런 안정감을 맛보지 못했다. 심리적으로는 어린아이 상태이지만 사회적으로는 성인이 되어버렸다.

우울증 환자의 심리 상태는 산을 오르다 길을 잃은 사람의 심리 상태와 비슷하다. 길을 잃으면 불안하기 때문에 쉴 수 없다. 빨리 길을 찾아야 한다는 생각에 초조하다. 그렇게 초조한 상태에서는 피곤해도 쉴 수가 없다. 시간이 있어도 쉴 수가 없다. 일에 지쳐 쓰러질 것 같은 상황에서도 마음 편히 쉴 수 없는 이유는 이런 초조한 심리가 작용하기 때문이다.

진정한 만족감을 체험하지 못하면 마음은 길을 잃는다. 그 나이에 어울리는 사랑을 체험하지 못했기 때문에 발생한 결과다. 유아기는 물론이고 청소년기 역시 심리적으로 의존이 필요한 시기다. 사랑받기를 원하면서 사랑할 능력은 없는 시기다. 그러나 사랑할 능력이 아직 갖추어져 있지 않은 시기에 강제로 사랑을 해야 하는 입장에 서게 되면 심리적으로 문제가 발생한다.

전형적인 예가 부모와 자녀의 역할이 바뀌는 것이다. 아이가 부모의 응석을 받아주는 것이다. 부모에게 응석을 부려야 할 시기에 부모의 응석을 받아주는 입장에 놓였다. 예를 들면, 부모의 무용담을 들어주는 것도 여기에 해당한다. 아직 부모의 등에 업혀서 가야 할 길을 오히려 부모를 등에 업고 걸어야 하는 것이다. 그런 성장기를 겪으면서 문제가 없다면 그것이 오히려 이상한 일이다.

닭은 알을 낳으면 그것이 부화할 때까지 따뜻하게 품어준다. 우울증에 걸린 사람에게는 그런 따뜻한 시기가 없었다. 아니, 알인 자신이 오히려 다른 알들이 부화할 때까지 도와주는 책임을 짊어지고 살아왔다.

유아기에 어머니다운 어머니를 만나지 못한 사람은, 자신은 있는 그대로의 모습으로 사랑을 받을 수 없는 인간이라고 여긴다. 그래서 사람들에게 호감을 얻기 위해 최선을 다하는 것이다. 그리고 어느 순간, 처절한 전쟁터에 비참한 모습으로 쓰러져 있는 자신을 보게 된다. 그는 모든 에너지를 잃고 힘없이 쓰러질 때까지 혼자 쓸쓸히 싸워왔다.

이제 여기까지 홀로 꿋꿋하게 버텨온 자신을 인정하고 그것이 대단한 인생이었다는 사실을 자각해야 한다.

"그래도 여기까지 열심히 싸웠어. 나는 대단한 사람이야."

중요한 것은 '여기까지'다. 생각해 보면, 훨씬 더 일찍 쓰러졌어도 전혀 이상할 것이 없지 않은가. 적의 대군을 상대로 아무런 도움도 받지 못한 상태에서 혼자 용감하게 싸워왔다는 사실을 깨닫고, 그것을 마음의 지주로 삼아야 한다.

열등감과 고독감의
원점을 직시한다

　유아적 욕구는 부담 없이 받는 과정을 통하여 충족된다. 마음 놓고 받기만 하는 것이다.

　욕조에서 나왔을 때 어머니가 몸을 닦아준다. 당연한 일이며 전혀 긴장되지 않는다. 우울증 환자는 다른 사람에게 무엇인가를 받으면 마음이 무겁지만 아이는 어머니와의 관계에서 전혀 부담을 느끼지 않는다. 무엇을 받아도 부담이 없다.

　대개 우리는 다른 사람에게 무언가를 받으면 부담을 느끼지만 유아는 어머니로부터 받는 것을 당연하게 생각한다. 유아적 욕구가 충족된다는 말은 부담을 느끼지 않고 받는 경험을 한다는 것이다.

　욕조에 들어갈 때 넘어질 것 같은 느낌이 들어도 어머니가 즉시 붙잡아줄 것이라는 사실을 알고 있기 때문에 불안감을 느끼지 않는 것, 그것이 유아적 욕구가 충족된 것이다. 유아적 욕구가 충족되지 않은 사람은 친구에게 마사지를 받으면 '불편하다'고 생각한다. 다른 사람에게 무언가 받는 것을 불편하게 여긴다.

유아적 욕구가 충족되지 않은 상태로 성장했는데 어떤 계기를 통해서 그 욕구가 충족되는 경우가 있다. 안도감이 느껴지면서 되살아난 듯한 기분이 든다. 하지만 길게 지속되지는 않는다.

그는 일심동체가 되고 싶어 한다. 모든 것이 허용되는, 무슨 짓을 해도 보호를 받을 수 있는 그런 세계를 체험하고 싶어 한다. 아무리 위험하고 힘든 상황이 닥치더라도 자신은 보호를 받고 싶어 한다. 무능한 남편이 아내에게 요구하는 무한한 사랑 같은 것이다.

우울증에 걸린 사람의 마음속에는 아무도 자신을 도와주지 않는다는 고독감과 열등감이 내재되어 있다. 그들은 '도와준다'는 의미 자체를 감각적으로 이해하지 못한다. 따라서 훌륭한 일을 하지 않으면 도움을 받을 수 없다고 생각한다. 또 무엇인가를 주지 않으면 다른 사람으로부터 칭찬을 들을 수 없다는 생각에 늘 사람들에게 뭔가를 주려 하는, 그런 인간관계가 몸에 배어 있다.

그들은 끊임없이 칭찬을 받고 싶어 한다. 나아가 아무것도 해주지 않아도 칭찬을 들을 수 있는 '어머니다운 존재'를 체험하고 싶어 한다. 하지만 어머니다운 존재를 체험한다는 것이 어떤 것인지, 그 진정한 의미를 모르기 때문에 마음이 늘 불안하다.

마음이 통한다는 말을 언어적 의미로는 이해하지만 체험적으로는 이해하지 못한다. 그래서 평생 고독을 느낀다.

열등감의 원점, 고독감의 원점은 어머니다운 존재를 체험하지 못했다는 데에 있다. 그것이 마음속에서 그 사람의 행동을 조종한다. 무의식에 존재하는 고독감이 동기가 되는 것이다.

우울증에 걸리는 사람은 자신의 집에 있어도 늘 불안해하고 긴장한다. 심리적으로는 다른 사람의 집에 있는 것이기 때문이다. 그것이 '나는 사랑받지 못한다'는 그릇된 믿음이다.

사람은 유아적 욕구가 충족되어야 안정감을 느낄 수 있다. 유아적 욕구가 충족되지 않은 사람은 늘 불안해하고 긴장한다. 유아적 욕구가 충족되기를 바라는 심리적 갈등이 불안과 긴장으로 표출되는 것이다. 또한 외부 세계에서 쉽게 위협을 느끼기도 한다.

그들은 있을 곳이 없다. '칭찬을 받고 싶다'는 그들의 마음은 달리 설명하면 '있을 곳을 원한다'는 뜻이다. 그들은 자신이 있는 장소의 중심 인물 또는 권위 있는 사람이 다른 사람들에게 "저 사람을 잘 부탁합니다. 잘 보살펴주세요."라고 말해주기를 바란다. '저 사람'은 자신이다. 그런 식으로 권위 있는 사람이 자신이 있을 장소를 만들어주기를 바라는 것이다.

보호받는다는 감각을
충분히 경험해야 한다

사람은 부모로부터 보호를 받으며 성장해야 힘이 갖추어지고 스스로 자신을 지킬 수 있다. 그렇지 않은 경우에는 영합, 은둔, 반발이외에 자신을 지킬 수 있는 방법이 없다.

예를 들어, 학교에서 아이에게 문제가 발생하면 대개 어머니들은 즉시 학교에 전화를 건다. 하지만 어머니 자신이 좋은 어머니로 보이기를 원할 뿐, 아이에게 발생한 문제를 해결해 주지 않는다면 그것은 아이를 보호하는 것이 아니다.

어머니가 실제로 아이의 문제를 해결해 주어야 아이는 자신이 보호를 받고 있다는 사실을 자각하게 되고, 그런 경험을 바탕으로 성장해야 성인이 된 이후에 스스로 문제를 해결할 수 있는 능력을 갖추게 된다.

유아적 욕구는 '보호를 받았다'고 느낄 때 가장 잘 충족된다. 에이브러햄 매슬로는 이것을 '기본적 욕구'라고 표현하는데, 그 중심에는 '보호를 받았다'는 감각이 존재한다.

'보호'와 '안전'이 유아의 기본적 욕구다. 철이 든 이후 궁지에 몰리는 경험을 한 번도 겪지 않은 사람은 없다. 형태나 정도는 다르지만 누구나 궁지에 몰리는 상황을 경험한다. 그때 어머니나 아버지가 자신을 지켜주면 아이는 '보호를 받았다'는 느낌을 받는다. 그런 느낌을 받았을 때 유아적 욕구가 충족된다. 그리고 그런 안도감을 경험한 사람은 다른 사람과 자연스럽고 원활한 커뮤니케이션을 할 수 있다.

마음속에 불안감이 존재하면 당연히 다른 사람을 대할 때 긴장하고 속마음을 열지 않는다. 문제는 상대방에게 속마음까지 열어 보이지 않으면 친한 사람을 만들 수 없다는 것이다.

물론 굳이 속마음을 열어 보이지 않아도 기본적인 사회생활은 얼마든지 해낼 수 있다. 단, 친한 사람은 만들 수 없다. 사회적인 기준으로 행동할 수는 있어도 심리적으로는 자유롭지 못하다.

따라서 그의 인생은 풍요로울 수 없다. 설사 사회적으로 성공을 거둔다고 해도 살아가는 의미를 느낄 수 없다. 성공을 해도 마음이 공허하기 때문에 마음의 지주를 얻기 위해 더 큰 성공을 원한다.

유아기에 '보호를 받았다'는 감각을 경험했는가 하는 것은 인생의 토대를 구축했는가, 그렇지 않는가를 가름한다.

어린 시절에 보호를 받았다는 감각은 아이의 마음속에 영원히 남아 있다. 한 번의 경험으로 사라져버리는 감각이 아니다. 그 감각은 아이의 내면세계에 지속적으로 작용한다.

이런 환경 안에서 아이의 자신감이 형성된다. 이것이 살아가는 토대가 될 안도감이다. 괴롭힘을 당하고 있을 때, 부모로부터 보호를 받은 아이와 반대로 "넌 왜 이렇게 겁이 많아?" 하는 식의 핀잔을 받은 아이가 있다고 하자. 이 체험의 차이가 그 후의 인생을 완전히 바꾸어놓는다.

'보호를 받았다'는 감각을 충분히 경험해야 "이거 해줘! 저거 해줘!" 하는 식의 어리광 같은 다양한 요구들이 사라진다. 즉, 욕구가 충족되어야 요구가 사라지는 것이다. 그리고 그것이 아이의 행복한 인생을 약속해 준다.

그러나 어리광 같은 요구가 지속적으로 계속된다면 성인이 된 이후에도 다른 사람에게 불만을 품을 가능성이 높다. 성인이 된 이후에는 '어리광 같은 요구'가 충족되지 않기 때문이다. 성인이 되어 "이거 해줘! 저거 해줘!" 하는 식으로 다른 사람에게 요구를 하면 "그 나이에 무슨 응석이냐!"는 핀잔만 들을 뿐이다. 어리광 같은 요구를 계속하면 아무리 재산이 많아도 인간관계는 불만으로 가득 찰 수밖에 없다.

아이는 몸과 마음이 모두 안전하다고 느낄 때 마음을 놓는다. 애정 욕구의 기초가 안전 욕구이며, 그 안전 욕구는 '보호를 받았다'는 감각을 경험했을 때 충족된다.

스스로 자신을 지킬 능력이 없는 시기에 환경 때문에 어쩔 수 없이 스스로를 지키면서 살아온 사람이 있다.

열등감의 원점, 고독감의 원점은 어머니다운 존재를 체험하지 못했다는 데에 있다. 그것이 마음속에서 그 사람의 행동을 조종한다.

첫째, 그는 인간관계에서 평생 불만을 끌어안고 살게 된다.

둘째, 그는 마음이 무엇인가에 쫓기듯 항상 초조하다. 자신을 둘러싸고 있는 주변 세계에 안도감을 느끼지 못하고 심리적으로 늘 긴장하고 있기 때문이다.

집착증 환자처럼 피곤해도 쉴 수 없는 사람이 있다. 그의 눈으로 볼 때 주변 세계는 모두 적으로 둘러싸여 있다. 주변 세계가 위협으로 가득 차 있기 때문에 안심하고 살 수 없다. 피곤하고 지쳐도 적진 안에서는 휴식을 취할 수 없는 것과 같다.

여유 있게 볕을 쬐며 시간을 보낼 수 있는 사람은 어린 시절에 보호를 받고 있다는 감각을 충분히 경험한 사람이다.

보호를 받고 있지 않다는 감각을 실제적으로 표현하면 추운 겨울에 코트를 걸치지 않고 밖에 서 있는 것과 같다. 끊임없이 몸을 움직여야 추위를 견뎌낼 수 있다. 그래서 쉬지 않고 움직인다. 몸을 움직이고 싶어서 움직이는 것이 아니라 움직이지 않으면 추워서 견딜 수 없기 때문에 움직이는 것이다.

셋째, 그는 인간관계를 실감할 수 없다. 사람은 보호를 받았다는 감각적 경험이 있어야 비로소 다른 사람과의 인간관계를 실감할 수 있고 정상적인 생활을 할 수 있다. 즉, 자신에게 중요한 사람과 중요하지 않은 사람을 구별할 수 있고 친한 사람과 친하지 않은 사람의 차이를 알 수 있다. 명예나 재산보다 더 중요한 것이 존재한다는 사실도 알 수 있다.

반대로, 유아적 욕구가 충족되지 않은 사람은 사람들과의 인간관계를 실감할 수 없기 때문에 마음속의 공허함을 메우기 위해 권력이나 명예를 원한다.

최종적으로 허무한 인생을 보내게 되는 이유는 사람들과의 인간관계를 실감할 수 없었기 때문이다. 그들은 자신에게 정말로 중요한 사람이 누구인지 모른다. 그들의 눈으로 볼 때, 모든 사람은 본질적으로 같은 존재다. 그렇기 때문에 모든 사람에게 호감을 얻기 위해 노력하게 된다.

사랑에 굶주린 마음이
강하게 단련된 마음이다

돈에 의지해서 자신을 지키려 하는 한, 즉 돈을 마음의 지주로 삼는 한 아무리 돈을 많이 벌어도 "좀 더, 좀 더!" 하는 식으로 욕구만 증가할 뿐이다. 돈을 마음의 지주로 삼는 한, 아무리 많은 돈을 모아도 불안감은 사라지지 않는다. 그렇기 때문에 저세상으로 가져가지도 못한다는 사실을 잘 알고 있으면서도 재산에 집착한다.

명예도 마찬가지다. 아무리 그럴듯한 명예를 얻어도 불안은 사라지지 않는다. 보호받고 있지 않다는 외부 세계에 대한 불안은 명예로도 지울 수 없다. 명예에 의지해서 불안을 없애려고 할수록 더 큰 명예를 원하게 될 뿐이다. 그런데도 끊임없이 명예를 추구한다. 휴식을 취하는 것보다 명예를 얻기 위해 노력을 하는 쪽이 마음이 편하기 때문이다. 이른바 강박적 명예 추구다.

신경증 환자는 기본적으로 보호받고 있다는 감각을 경험하지 못하고 성장한 사람들이다. 곤란한 일이 발생했을 때, '엄마, 아빠가 나를 지켜줄 거야.'라고 생각하는 아이와 '나를 도와줄 사람은 없어.'라고 생각하는 아이는 삶에 대한 안도감이 전혀 다르다.

외부 세계에 두려움을 느끼는 아이와 외부 세계에 두려움을 느끼지 않는 아이의 차이도 매우 크다. 외부 세계에 두려움을 느끼지 않는 아이는 밤에도 안심하고 잠들 수 있지만 외부 세계에 두려움을 느끼는 아이는 밤에도 편히 잠들 수 없다.

본인이 의식을 하건 그렇지 않건, 사람이 안도감을 느낄 때는 보호받고 있다는 감각이 있을 때다. 성인이 된 이후라면 자신에게 스스로를 지킬 능력이 있다고 생각할 때다. 그러나 외부 세계에 두려움을 가지고 있으면 안도감을 느낄 수 없다.

자신을 이해해 주고 존경해 주는 존재, 훌륭한 일을 하지 않아도 자신을 받아들여 주는 존재에 의해 유아적 욕구는 충족된다. 하고 싶은 말을 마음껏 떠들어도 마음이 편할 때, 그런 경우에 유아적 욕구는 충족된다.

쓸데없는 이야기를 떠들고 있지만 즐겁고 마음이 편하다. 인정을 받기 위해 굳이 이야기를 지어내지 않아도 되고, 내 마음대로 하고 싶은 말을 해도 마음이 편안하다. 남의 눈치를 보며 소곤거리고 두려움에 젖어 겁을 먹을 필요가 없다. 그래서 자신감이 넘치고 그 자신감이 기분 좋은 감각, 안도감으로 이어진다.

어떤 경우에도 상대방을 생각하지 않고 내 마음대로 행동해도 된다. 마음이 내키는 대로 자유롭게 행동해도 상대방이 알아서 맞추어준다. 유아적 욕구는 이런 독선적이며 자유로운 경험을 통하여 충족된다. 심심하면 심심하다고 짜증을 부려도 되고, 즐거우면 즐겁다고 마음껏 소리 내어 웃어도 된다.

유아적 욕구는 상호성이 아닌 상하관계를 통해서 충족된다. 전철을 타건 열차를 타건, 또는 버스를 타건 옆에는 항상 부모가 있다. 유아적 욕구에 있어서는 내가 똑똑하든 바보든 상관없다. 이런 유아적 욕구가 충족되어야 비로소 상대방을 생각할 여유가 생긴다.

유아적 욕구가 충족되지 않은 경우에도 상대방에게 맞추는 이유는 공포감과 영합 때문이다. 상대방에게 맞추고 배려할 수 있는 진정한 여유는 유아적 욕구가 충족되었을 때 발생하는 것이다.

'착한 아이'가 사회적으로 문제를 일으키는 이유는 공포감 때문에 어쩔 수 없이 상대방에게 자신을 맞추는 생활을 해왔기 때문이다. 진정한 여유와 배려는 자기중심적인 욕구가 충족되어야 비로소 나타날 수 있다.

유아적 욕구가 충족되지 않은 사람은 끊임없이 "내가 불쌍하지 않냐?"고 호소한다. 사람을 만날 때마다 "나를 불쌍하게 봐줘!"라고 상대방을 재촉하며, "제발 눈치 좀 채!"라고 소리친다. 그리고 늘 상대방이 칭찬해 주기를, 인정해 주기를 원한다.

칭찬을 듣지 못한 채 성인이 된 사람이 집착증 환자가 된다.

집착증이 강한 사람은 취미가 없다. 놀 줄 모른다. 우울증에 걸리는 집착증 환자에게 "취미를 만드십시오. 재미있게 노십시오."라고 말하지만 놀아본 적이 없는 사람에게 '재미있게 놀라'고 말해

봤자다. 그에게는 취미활동 자체가 무리다. 그들이 인생을 즐길 수 없는 것은 어찌 보면 당연한 현상이다.

그들은 사랑에 굶주려 있다. 하지만 그런 상황에서도 지금까지 잘 살아왔다. 이것은 대단한 결과이지만 그들은 자신이 험난한 인생을 헤쳐 나온 대단한 사람이라는 사실을 모른다. 그 사실을 깨달아야 진정한 마음의 지주를 갖출 수 있다.

사랑에 굶주려 있는 마음은 병이 든 마음이지만 그와 동시에 강하게 단련된 마음이기도 하다.

사랑을 받는 경험을 통하여 마음의 지주를 갖추는 사람도 있지만 강한 단련 과정을 통하여 마음의 지주를 갖추는 사람도 있다.

성인이 되어 누군가와 이야기를 나누고 있을 때, 어린 시절에 잊고 있었던 무엇인가를 공유하고 있는 듯한 편안함을 맛본다면 그 사람을 소중하게 여겨야 한다.

그 사람이야말로 집착증 환자에게 사랑을 가르쳐줄 수 있는 사람인지도 모르니까.

4장

미움 받는 것에
대한 두려움

자신의 사를 구가하는 시인이 되라. 자신의 색깔을 가진 화가가 되라.

− 데이비드 시버리

믿는 것이 아니라
집착하는 것이다

완고한 사람이 있다. 사소한 문제에도 "이것만큼은 양보할 수 없어!"라고 핏대를 세우며 자기주장을 한다. 별것도 아닌 일에 "이것만큼은 용서할 수 없어!"라며 단호한 태도를 보인다. 그런 사람의 무의식에는 의존 욕구가 존재한다.

완고한 사람은 미움을 산다. 그러나 완고한 사람이 미움을 사는 이유는 완고하다는 직접적인 문제 때문이 아니라 편견을 가졌기 때문이고, 동시에 그의 의식과 무의식 사이에 모순이 존재하기 때문이다.

미국의 사회심리학자로 성격이론의 창시자인 고든 윌러드 올포트Gordon Willard Allport는 "완고한 성격을 연구해 얻어낸 압도적인 성과는 그들의 의식과 무의식 사이에 날카로운 균열이 존재한다는 사실을 발견한 것"이라고 말한다.[32]

퇴행에 관한 욕구를 억압하면 의존에 반대되는 자세, 거짓 자립의 자세가 나타난다. 그리고 그 극단적인 거짓 자립의 자세에 완고하게 집착한다.

에리히 프롬은 어머니에 대한 애착의 병리적 징후로 '의존'과 '공포'가 강화된다고 말한다. 의존과 공포는 '집착한다'는 형태로 발현된다.

예를 들어, 이슬람 원리주의는 이슬람교를 믿는 것이 아니라 이슬람교에 집착하는 것이다. 어머니에 대한 애착이 강한 남성 또한 어머니를 믿는 것이 아니라 어머니에게 매달리는 것이다.

틈날 때마다 "나는 나 스스로 지킨다."는 말을 늘어놓는 사람이 있다. 스스로를 지킨다는 데에 이상할 정도로 얽매인다. 이런 사람들은 겉으로는 자립한 것처럼 보이지만 사실은 아동심리 연구가로 유명한 존 볼비John Bowlby가 말하는 '공격적 자립'에 해당하는 사람들이다.

공격적 자립에 해당하는 사람의 마음속에는 의존 욕구가 존재한다. 무의식에 존재하는 의존 욕구에 대한 반발로 "나는 나 스스로 지킨다."는 극단적인 거짓 자립에 이상할 정도로 집착하는 것이다.

어떤 대상에 완고하게 집착하는 이유는 어떻게든 그것을 마음의 지주로 삼으려 하기 때문이다. 마음의 지주가 될 수 없는 것을 마음의 지주로 삼으려 하기 때문에 그 대상에 집착하는 것이다.

원리주의에 사로잡힌 이들이 그렇다. 그들은 '믿고 있는 것'이 아니라 '집착하는 것'이다.

진정한 마음의 지주는 의식과 무의식의 괴리가 사라졌을 때에

형성된다. 어떤 대상에 집착하는 것이 아니라 그 대상을 믿을 때
다. 그릇된 마음의 지주를 발판으로 움직이면 완고해지고, 결국 그
거짓 마음의 지주가 없이는 살 수 없는 상황에 빠진다. 그 때문에
공포와 적대감에 마음을 지배당하는 것이다.

"나는 완고한 성격이다."라고 말하며 고집을 꺾지 않는 사람의
경우 역시 지금 마음의 지주로 삼고 있는 것이 그릇된 마음의 지주
일 가능성이 크다.

미움 받는 것을
두려워한다

나를 싫어하는 사람이 있다면 그 사람에게는 미움을 받아도 상관없다고 생각하면 된다. 그 사람에게 미움을 받는다고 해서 당신의 인생에서 무엇이 바뀔지 진지하게 생각해 보자.

"그 사람에게 미움을 받는다면 어떤 점이 난처해질까?"

"그 사람에게 미움을 받지 않기 위해 나는 지금 얼마나 무리한 노력을 하고 있는가?"

"그 사람에게 미움을 받지 않기 위해 내가 하고 있는 무리한 노력 때문에 마음속에는 무엇이 쌓이고 있는가? 그렇게 쌓인 것이 장래의 나의 감정에 어떤 영향을 끼치게 될까?"

두렵지 않은가? 이렇게 쌓인 적대감이나 증오가 우울증의 원인이 된다. 어쩌면 지금 나는 장래의 불쾌한 마음을 만들어내고 있는지도 모른다. 호감을 얻기 위해 '자신과 다른 사람을 연기한다'는 것은 엄청난 마이너스 요인을 마음속에 쌓는 것과 같다. 그 때문에 불행한 인생을 보내는 것이다. 이것이 무리한 노력을 하는 사람의 인생이다.

왜 이런 행동을 할까? 다른 사람들의 호감에 의지하여 살아가려 하기 때문이다. 의존하는 사람은 결국 두려워하고 있는 것이다.

의존과 공포를 가진 사람에게서는 "나는 이렇게 살아간다."는 식의 주체적 자세가 나오지 않는다. 주체적 자세가 있으면 당연히 자신을 거부하는 사람도 있게 마련이다. 또는 지나치게 자신을 낮게 평가하는 사람도 있다. 어쩔 수 없는 일이다. 사람은 각각 다른 가치관을 가지고 있으니까.

미움을 받는 것이 두려운 사람은 늘 상대방의 가치관에 자신을 맞추다 보니 자기 자신을 잃어간다. 상대방에게 맞추면 맞출수록 상대방의 말대로 움직이는 인간으로 전락한다.

상대방에게 맞추어 행동한다고 상대방이 당신을 높게 평가해 주지는 않는다. 오히려 우습게 생각하기 쉽다. 호감을 얻으려다가 반대로 낮은 평가를 받는 결과를 낳는 것이다.

낮은 평가를 받으면 그 때문에 또 상처를 입는다. 미움을 받고 싶지 않다는 심리가 강한 사람일수록 신경증적 자존심이 강해서 상처받기 쉽다. 상처받기 쉬운데 낮은 평가를 받는다.

"그 사람에게는 낮은 평가를 받아도 상관없어."

"그 사람에게는 미움을 사도 돼."

이런 식으로 가볍게 생각하면 자신의 의지나 감정을 상대방에게 분명하게 전할 수 있다.

의존을 단절시키면 공포는 사라진다. 의존과 공포 때문에 상대방에게 본인의 의지를 확실하게 전달하지 않다 보면 어느 순간 의지 자체가 사라져버린다.

조지 웨인버그는 우울증을 극복하기 위해 "가능하면 사람들을 상대하는 방식을 구별하라."고 말한다. 우울한 상태에 놓여 있는 사람들은 모든 사람을 똑같이 상대하기 때문이다.

사람들을 상대하는 방법을 구별하려면 '이렇게 해야 한다'는 고정된 관념에 얽매이지 말고 마음을 유연하게 만들어야 한다.

예를 들어, 모든 사람과 사이좋게 지내야 한다는 생각에 얽매이지 않는다. 발목을 잡는 사람과의 관계는 끊어야 한다. 살다 보면 발목을 잡는 사람도 있고 성공을 함께 기뻐해주는 사람도 있다. 사람들은 때때로 같은 일에 정반대로 반응한다. 다른 사람의 발목을 잡는 사람들 틈에 있으면 어느 틈엔가 '인간은 다른 사람의 발목을 잡는 존재'라는 고정 관념이 형성된다. 하지만 절대로 그렇지 않다.

반대로, 다른 사람의 성공을 함께 기뻐하는 사람들 사이에 있으면 어느 틈엔가 '인간은 다른 사람의 성공을 함께 기뻐하는 존재'라는 고정 관념이 형성된다. 이것 역시 절대로 그렇지는 않다. '다른 사람의 불행을 기뻐하는 사람'도 많기 때문이다.

따라서 모든 사람과 '사이좋게 지낸다'는 것은 바람직한 태도가 아니다. '다른 사람의 불행을 기뻐하는 사람'은 상대하지 않는 게 최선이다.

사람을 대할 때에는 사람에 따라 상대하는 방식을 구별해야 한다. 나쁜 사람은 거부하고 좋은 사람과 관계를 유지하면서 자기 자신을 바로 세워야 한다. 사람에 따라 상대하는 방식을 구별하여 마음의 지주를 세우는 것이다.

다른 사람의 기대와 요구에
주도권을 빼앗긴다

　마음의 지주가 없는 사람은 성실한 사람의 도움에 감사할 줄 모른다. 이들은 감사를 모르기 때문에 다른 사람으로부터 무엇을 받아도 감사하지 않는다. 성실한 지인이나 친구의 사랑에도 보답할 줄 모른다. 사람들이 자신을 위해 시간과 에너지를 소비해도 보답을 할 생각이 없다. 아니, 보답을 해야 한다는 마음 자체가 존재하지 않는다.

　선물 역시 똑같이 취급한다. 누군가로부터 특별한 선물을 받아도 '그 사람이 마음을 담아 보내준 것'으로 생각하지도 않고 소중하게 취급하지도 않는다. 성실한 사람은 누군가에게 선물을 할 때 시간과 에너지를 소비하면서 상대방이 기뻐할 만한 것을 찾아다니지만, 마음의 지주가 없는 사람은 선물을 할 때도 그런 노력을 하지 않는다.

　마음의 지주가 없는 사람은 진정한 애정을 간접적으로 표현하기 위해 선물을 한다는 사실도 이해하지 못한다. 그들은 단지 상대방을 조종하기 위해 선물을 할 뿐이다. 즉, 상대방을 위해서가 아니라 자신을 위해서 선물을 하는 것이다.

그렇기 때문에 자신이 받는 선물 역시 똑같이 취급하기 마련이다. 특별한 사람이 준 특별한 선물이라는 생각 자체가 없다. 그에게는 특별한 사람도 없고 모든 사람이 똑같은 대상이기 때문에 선물 역시 똑같이 취급한다.

다른 사람에게 미움을 사고 싶지 않다는 심리가 강한 사람이 모든 사람에게 호감을 얻으려 하기 때문에 모든 사람을 똑같이 상대하는 것과도 일맥상통한다. 그 결과, 자신에게 무엇이 소중한지 깨닫지 못한다.

모든 사람에게 미움을 받고 싶지 않다는 것은 소중한 사람이 없다는 뜻이다. '이 사람이 좋다', '이 사람이 소중하다'는 사실을 깨달아야 살아가는 의미를 찾을 수 있다.

미움을 받는 것이 두려운 이유는 마음의 지주가 없기 때문이다. 반대로, 마음의 지주가 없기 때문에 미움을 받는 것을 두려워한다. 악순환이 계속되는 것이다.

악순환을 어떻게든 선순환으로 바꾸고 싶다면, 스스로 결단을 내려야 한다. 참을성 있게 기다리다 보면 악순환을 선순환으로 바꿀 수 있는 기회가 찾아온다. 그 기회를 붙잡아야 한다.

"지금 미움을 받는 것이 두려워 상대방이 시키는 대로 움직이면 5년 뒤에는 우울증에 걸릴 거야."

이렇게 생각하고 자신의 의지대로 움직일 수 있도록 최선을 다해야 한다.

> "자아의 결정은 우리의 내부에 존재하는 강력한 핵과 같은 중심에서 이루어진다. 신이 우리에게 부여해 주는 무조건적인 사랑을 받아들일 수 있어야 그런 힘이 생겨난다. 신의 은총을 감사히 받고 자신의 내부에 존재하는 중심을 발판으로 삼아 살아간다면 집요한 본능이나 주변 사람들의 기대와 요구에 주도권을 빼앗기는 일은 없을 것이다. 자신을 속이면서까지 다른 사람이 바라는 대로 행동하는 태도를 단절하는 것이야말로 자유로워질 수 있는 첫걸음이다." [33]

인간이 어머니다운 어머니를 경험하지 않은 이상, 신을 믿는 마음이 없으면 마음의 지주를 세우기 어렵다. 여기에서의 신은 크리스트교나 이슬람교 같은 특정 종교의 신만을 지칭하는 것이 아니다. 인간이라는 존재를 초월한 무엇인가를 믿는 마음을 가지라는 것이다.

믿음이 없으면 마음의 지주를 만들 수 없다. 어머니다운 어머니 밑에서 자랐다면 모르지만 인간의 이성과 합리주의만으로는 마음의 지주를 만들 수 없다.

우선 순위를
구별하지 못한다

대상을 구별하지 않고 모든 사람에게 사랑을 바라는 사람은 마찬가지로 모든 사람에게서 상처를 입는다.

상대방에게 사랑을 받고 싶다는 열망이 강할수록 상대방의 언행에 상처를 입을 수 있다. 모든 사람에게 사랑을 받고 싶다고 생각하는 사람 또한 모든 사람의 언행에 상처를 입는다. 모든 사람이 자신과 관계가 있다고 생각하기 때문이다.

"이런 불성실한 사람이 나를 어떻게 생각하는지에 대해서는 전혀 신경 쓸 필요가 없어."

이렇게 생각하면 간단하지만 그게 쉽지 않다. 따라서 누구를 만나건 즉시 마음이 흔들린다.

이들은 결핍 동기Deficiency motivation에 의해 움직이는 사람들이다. 결핍 동기는 욕구가 충족되지 못하여 불만이 생겼을 때 작용하는 동기다. 인간은 결핍이 있으면 본능적으로 그것을 극복하기 위해 목표 지향적 행동을 하게 된다.

결핍 동기에 의해 움직인다는 것은 애정에 굶주린 상태에서 움직인다는 뜻이기 때문에 주변의 인간관계에서 독립하지 못한다. 그래서 상대방이 약간만 가볍게 취급해도 즉시 불쾌함을 느끼고 상처를 입는다.

얼마 전 어떤 택시 기사에게 들은 이야기가 좋은 예다. 손님이 "○○ 출판사로 갑시다."라고 말했다. 택시 기사가 "△△출판사 말입니까?"라고 확인을 했다. 그러자 손님이 갑자기 화를 버럭 내면서 "그런 출판사와는 격이 다른 곳입니다!"라고 소리를 질렀다고 한다. 기사는 두 출판사가 비슷한 이름을 사용하고 있었기 때문에 확인을 했을 뿐인데, 손님은 자신을 무시한다고 여기고 불쾌감을 표출한 것이다.

대상의 구별 없이 사랑을 원하는 사람은 다음과 같은 문제를 가지고 있다. 우선, 자신에게 누가 중요한 사람인지 모르기 때문에 모든 사람에게 좋은 인상을 심어주려 한다.

그로 인해 어떤 사람과도 깊은 관계를 가질 수 없다. 누구에게도 속마음을 털어놓을 수 없다. 따라서 누구를 상대하건 심리적 만족감을 얻지 못한다. 자신에게 깊은 심리적 만족감을 주는 특별한 대상이 없는 것이다.

모든 사람의 사랑을 바라는 사람에게는 일상생활의 축적이 없다. 일상생활의 접촉을 통하여 시간이 지나면서 점차 마음의 인연이 깊어지는 인간관계가 없다. 모든 사람이 똑같은 지인일 뿐이고,

아무리 시간이 지나도 그 관계는 변하지 않는다.

이들에게는 시간이 지날수록 친밀도가 깊어지는 사람과, 그 당시의 관계로 끝나는 사람에 대한 차이가 없다. 친한 관계에는 여러 가지 종류가 있지만 대상의 구별 없이 모든 사람의 사랑을 바라는 사람에게는 그런 차이가 없다. 차이가 없다는 것은 곧 어떤 사람과도 친하지 않다는 뜻이다.

우연히 상점에 가서 친해진 점원이 있다. 고객과 점원으로서의 친밀감이다. 마찬가지로 우연히 일을 통해서 만나게 되어 친해지는 사람도 있다. 또 어린 시절부터 오랜 세월에 걸쳐 친해진 사람이 있다. 학창 시절의 서클 활동을 통해서 친해진 사람도 있고, 회사에 들어가 같이 근무하면서 친해진 사람이 있다. 그때의 상황만으로 관계가 끝나는 사람도 있고, 오랜 세월에 걸쳐 관계가 이어지는 사람도 있다. 인연이 있는 사람도 있고, 그 후에는 인연이 이어지지 않는 사람도 있다.

충분한 사랑을 받고 성장하면 그런 일상생활 속에서 '이 사람'이라는 느낌이 드는 사람이 나타난다. 친한 관계에도 종류가 있듯 심리적 만족에도 다양한 종류와 색깔이 있다. 심리적 만족이라고 해서 다 똑같은 색깔이 아니다. 만족의 종류가 다르기 때문이다.

심리적으로 건강한 사람에게는 본질적으로 심리적 만족을 얻을 수 있는 관계가 있다. '이 사람과의 관계는 그 무엇과도 바꿀 수 없다'고 여겨지는 특별한 사람이 있다. 하지만 모든 사람의 사랑을 바라는 사람에게는 그런 관계가 없다.

모든 관계가 특별한 것이 없고 동등하기 때문에 생활에 초점이 없다. 여기저기 방황만 할 뿐 생활에 안정이 없다.

모든 사람과 관계가 있는 듯하면서 한편으로는 그 누구와도 관계가 없는 듯한 불확실한 생활을 지속하기 때문에 오늘이 내일과 연결되지도 않는다. 어제의 관계가 오늘의 관계와 연결되지 않는다. 시간을 들여 한 단, 한 단 벽돌을 쌓는 것처럼 인생이 축적되지 않는다.

본질적으로 심리적 만족감을 주는 특별한 사람이 있는 경우에는 생활의 초점이 안정되어 있다. 그렇기 때문에 일을 해도 '이것은 받아들인다', '이것은 거절한다'는 식으로 정리를 할 수 있다.

어느 정도 무리를 해서라도 만나고 싶은 사람은 만나고, 피곤한데 굳이 만날 필요가 없는 사람은 만나지 않는다. 또 어떤 사람을 만날 바에는 도서관에 가서 공부를 하는 것이 낫다고 생각되면 도서관에 간다. 이것을 구매하는 것보다는 가격이 비싸더라도 좋아하는 레스토랑에 가서 몸에 좋은 음식을 먹는 게 좋겠다고 판단해서 레스토랑에 간다.

마음의 기준이 있기 때문에 취사선택의 기준을 세울 수 있다. 마음의 기준이 있으면 지금 자신은 스스로에게 어느 정도 중요한 일을 하고 있는지도 알 수 있다. 우울증에 걸리는 사람이 피곤해도 쉬지 않는 이유는 마음의 기준이 없기 때문이다.

마음의 기준이 없으면 "이건 할 수 없어. 나쁜 평가를 받아도 어쩔 수 없어.", "이건 무리를 해서라도 반드시 해야 돼."라는 식의 선택을 할 수 없다.

그 결과, 피곤해서 쓰러지거나 모든 것을 내던지고 나태해져서 신경증 환자 혹은 우울증 환자가 된다.

'자신이 있는 사람'이란 대상의 구별 없이 모든 사람의 사랑을 바라는 사람이 아니다. 본질적으로 심리적 만족을 얻을 수 있는 특별한 사람을 가진 사람은 모든 일에 우선 순위를 매길 수 있다. "무슨 일이 있어도 이것은 반드시 처리해야 한다."는 식의 1순위에서부터 "이 일은 시간과 체력이 여유 있으면 한다."는 마지막 순위까지 매길 수 있다.

마음의 기준이 있기 때문에 자신이 할 수 있는 일은 시간을 들이더라도 확실하게 처리한다. 어떤 일은 건강을 해치지 않는 범위 안에서 처리한다. 또 어떤 일은 나중에 영향이 미치지 않는 범위 안에서 처리한다.

그러나 대상의 구별 없이 사랑을 바라는 사람은 모든 사람에게 사랑을 받으려 하기 때문에 일의 우선 순위를 매기지 못한다. '그 일'이나 '이 일'이나 다 똑같은 의미다.

마음의 기준이 없이 모든 일을 처리하고 모든 사람과 잘 지내려 하면 생활은 파탄에 이른다. 파탄에 이르지 않도록 하려면 슈퍼맨이 되어야 하기 때문에 신경증 환자는 슈퍼맨이 되려고 무리해서 노력한다. 하지만 사람은 슈퍼맨은 될 수 없고, 결국에는 파탄에 이르게 된다.

　마음의 지주를 바로 세우려면 가장 먼저 그것이 바로 세워질 수 있는 생활을 해야 한다. 즉, 일차적으로 마음을 정리하고 그다음으로는 생활을 정리해야 한다. '일반적으로' 무엇이 중요한가를 생각할 것이 아니라 '자신에게' 무엇이 중요한가를 분명하게 구별해야 한다. 대상의 구별 없이 모든 사람의 사랑을 바라는 태도는 이제 버려야 한다.

5장
—
나만의 정체성과
마음의 지주

근친상간적 애착은 어머니의 사랑과 보호를 원할 뿐 아니라
어머니를 두려워하는 마음도 만들어낸다.

– 에리히 프롬

좋고 싫은 것이
명확해진다

'마음의 지주'와 '자기 정체성'은 떼려야 뗄 수 없는 관계다. 자기 정체성이 형성되지 않은 상태에서는 마음의 지주를 생각할 수 없다. 자기 정체성이 형성되어야 비로소 자신에게 적절한 인생의 목적이 형성되기 때문이다.

'나는 나, 남은 남'이라는 경계가 세워져야 비로소 인생의 목적도 명확하게 보인다. 또 인생의 목적을 명확하게 알 수 있어야 '버려야 할 것'과 '선택해야 할 것'을 구분할 수 있다.

사랑을 받으며 자란 사람은 청년기가 되면 자기 정체성이 자연스럽게 형성되지만 사랑받지 못하고 자란 사람에게는 자기 정체성 형성이 쉽지 않다.

사랑을 받지 못하고 성장한 사람 중에 어떤 이들은 교활한 사람들에게 속았을 때 자기 정체성이 비로소 형성되었다고 말하기도 한다. "이 사람들과 나는 다르다."는 느낌이 들면서 정체성이 형성되었다는 것이다. 그전까지는 '나는 나약한 존재'라는 식으로 자

165

기 자신에 관하여 포괄적인 해석을 했다. 하지만 그때 그 순간 자신에 대한 해석이 완전히 바뀐 것이다.

교활한 사람들에게 둘러싸여 살아갈 바에는 차라리 죽는 게 낫다고 생각한 사람도 있다. 이처럼 인간의 정체성Identity은 이질적인 사람을 만났을 때에도 나타난다. "나는 그 사람들과는 다르다.", "나는 절대로 이렇게 살고 싶지 않아."라는 확신이다. 또는 "저렇게 되고 싶지 않아.", "저렇게 살고 싶지는 않아."와 같은 마음이 생기는 것이다.

자기 정체성 형성에 있어서 좋고 싫음은 매우 중요하다. '싫다'는 느낌은 중요한 의미를 가진다. 마음에 들지 않는 사람을 보면 그 사람처럼 되고 싶지 않다는 생각을 하기 때문이다. 그런 사람이 있어야 비로소 "나는 이렇게 살겠다."는 자세가 명확하게 갖추어지기 때문이다.

착취형 인간을 보고 등줄기가 서늘해지는 느낌이 들어야 비로소 자신이 걸어가야 할 방향이 보인다. 자신이 어떤 사람을 싫어하는지 거부의 대상도 보인다. 거부는 이상한 것이 아니다. '싫은 사람이 존재한다'는 것은 삶에 있어서 중요한 의미가 있다.

"모든 사람과 사이좋게 지낸다."고 말하는 사람은 인간이 아니다. 로봇이다. 로봇이 아니면 이상한 사람이다. 상대방에게 무엇인가 빼앗기 위해 모든 사람과 사이좋게 지내는 것일 뿐이다. 성실한 사람은 모든 사람과 사이좋게 지낼 수 없다. 그는 어떤 사람은 거부하고, 어떤 사람은 수용한다.

그런 상황과 경험을 통하여 '나는 나'라는 정체성이 형성된다. 또 당연히 "그 사람은 만나고 싶지 않아.", "그 사람과는 죽을 때까지 친하게 지내고 싶어."라는 경계도 만들어진다.

사회생활을 할 때는 항상 "이 사람은 관계를 지속해야 할 사람인가, 한 번 보고 끝낼 사람인가?"를 생각해야 한다. 그 과정과 판단을 통하여 인간관계에 관한 마음이 정리된다.

물론 수용해야 할 사람이 반드시 자신과 같은 타입에 해당하는 사람은 아니다. 수용해야 할 사람 중에는 '자신과 전혀 다른' 사람도 있다.

"저런 인생도 있구나. 존경스러워."

이처럼 자신과는 인생이 전혀 다른 경우지만 이런 관계도 나름대로 의미가 있다. 중요한 것은 다양한 사람들을 상대하면서 "아, 나는 이런 사람이구나." 하는 사실을 깨닫는 것이다. 좋아하는 사람이 있고 싫어하는 사람이 있어야 비로소 "나는 이렇게 살 것이다."라는 의지가 명확해진다. 그렇게 명확한 의지나 감정은 싫어하는 사람을 상대하는 과정에서도 발생한다. 또 "나는 저 사람처럼 살면 불행해질 거야."라는 확신도 생긴다.

이런 의미에서 볼 때, 경계가 없는 명예욕이나 권력욕이 있다면 아직 자기 정체성이 형성되어 있지 않은 것이라고 생각해야 한다. "저 사람과 나는 이렇게 달라."라고 깨닫게 되면 자신과는 전혀 다른 사람들이 다양하게 존재하는 '이 세상'에서 강박적으로 명예를 얻고 싶어 하는 마음이 사라지기 때문이다.

따라서 "이 사람들 모두로부터 존경받고 싶다."는 생각은 하지 않는다. 팔방미인이 되기 위해 노력하지도 않는다. 그런 마음이 갖추어져야 비로소 자기 정체성이 형성된다. 자기 정체성이 형성된다는 것은 있는 그대로의 자신의 삶을 인정한다는 것이다.

자기 정체성이 형성되면 거부해야 할 사람과 수용해야 할 사람이 보인다. 수용해야 할 사람들 중에도 종류가 있다. 그 사람들 중에는 존경하기는 하지만 자신과는 다르다고 느껴지는 상대도 있다. 이 경우 자신을 받아들이는 것은 물론이고 그런 이질적인 상대도 동시에 받아들일 수 있다.

짊어져야 할 책임,
짊어지지 않아도 되는 책임

자신의 삶이 보여야 사회에서의 역할도 보인다. 자기 정체성이 형성되어 있지 않으면 사회에서 짊어지지 않아도 될 책임을 짊어지거나 짊어져야 할 책임을 짊어지지 않는 행동을 한다. 다시 말하면 자기 정체성이 형성되어야 책임져야 할 대상이 무엇인지 정확하게 구분할 수 있다. 그 결과, 꼭 짊어져야 할 책임과 짊어지지 않아도 될 책임을 구분할 수 있다. 책임에 대한 마음의 정리는 꼭 필요하다.

우울증에 걸리는 사람은 의무감이나 책임감이 강하다. 그러나 의무나 책임에 관한 마음의 정리가 명확하게 되어 있지 않기 때문에 짊어지지 않아도 될 무거운 책임까지 짊어졌다가 결국은 좌절하고 만다.

자기 정체성이 형성되지 않은 상태에서 중장년이 되면 더 심각하다. 중장년에 이르면 공적으로든, 개인적으로든 다양한 책임을 짊어지게 된다. 이때 자기 정체성이 형성되어 있지 않으면 어떤 일

자기 정체성이 형성되면 거부해야 할 사람과 수용해야 할 사람이 보인다.

을 책임져야 하고, 어떤 일을 책임지지 않아도 되는지 구별을 할 수 없다.

세상에는 교활한 사람도 많다. 그들은 다른 사람에게 부담을 강요하고 자신은 편하게 지내려 한다. 다른 사람의 소유물을 강탈하려는 착취형 인간도 존재한다.

자기 정체성이 형성되어 있지 않은 선량한 사람은 그런 사람들에게 만만한 먹잇감이다. 다른 사람에게 미움을 받는 것이 두려운 선량한 사람은 교활한 사람에게 쉽게 위협을 당한다.

"나는 이런 사람이다."라고 분명하게 말할 수 있는 사람만이 착취형 인간들이 존재하는 사회에서 무사히 살아갈 수 있다.

착취형의 나쁜 사람들은 위협을 통하여 마음이 약한 선량한 사람들을 조종하고 착취하려 한다. 시대가 시대이니만큼, 이제 초등학생인데 "남자를 이용해서 살 거야."라고 마음을 정한 여자아이도 있다. 놀이에 열중해 있는 초등학생 여자아이에게 누군가가 "그렇게 놀기만 하면 어른이 되어서 뭘 할래?"라고 주의를 주었더니 아이가 맹랑하게도 이렇게 대답했다고 한다.

"남자를 이용해서 살면 되지요."

어머니와 딸이 공모를 해서 임신했다고 남자를 협박해 돈을 갈취한 사례도 있다. 그게 사실이라고 믿은 성실한 남자는 고민에 빠져 괴로워했다.

착취형에 해당하는 사람은 "아, 이 사람을 협박하면 돈을 내놓을 거야."라고 생각되면 끝까지 물고 늘어진다. 그렇기 때문에 마음이 선량한 사람들은 몸과 마음이 쇠약해지고, 성실한 사람은 과로사를 하게 된다. 세상에는 다른 사람을 이용하고 그 몫을 가로채는 방법에만 골몰해 있는 나쁜 사람들이 정말 많다.

허세보다는
마음의 품격을 갖춘다

자기 정체성을 형성하는 데에는 다양한 방법이 있다. 기본적으로는 어린 시절에 충분한 사랑을 받아 자기 정체성이 형성되는 것이 가장 바람직하다. "너는 너 자체로 정말 좋은 사람이다."라고 알려주고 아이가 듣기 원하는 말을 그때그때 해주는, 애정이 넘치는 가족들 틈에서 자라면 굳이 다른 세상을 접하지 않더라도 자기 정체성이 자연스럽게 형성될 수 있다.

그러나 권위주의적인 가족들 틈에서 자라고, 반드시 성공해야 한다는 압박을 받은 사람들은 '나는 나, 남은 남'이라는 자기 정체성을 형성하기 어렵다.

자기 정체성이 형성되면 무엇보다 무리를 하지 않는다. "나는 이런 사람이다."라는 사실을 받아들이기 때문에 삶이 성실하다. 더 나아가 자기 정체성이 형성되어 무리를 하지 않고 성실하게 살면 사회생활에서 발생하는 문제가 줄어든다.

사회적으로 난처한 상황에 놓이면 그만큼 남에게 이용당할 가능성도 높다. 남을 속이는 사람은 난처한 상황에 놓여 있는 사람을 노린다. 고리대금업자들이 주로 노리는 상대를 보면 쉽게 이해할 수 있을 것이다. 또 노인들이 사기를 잘 당한다는 사실만 봐도 이해하기 쉽다. 난처한 상황에 놓여 있는 사람은 도움을 원하기 때문에 사기꾼이 볼 때에는 그야말로 최고의 먹잇감이 된다.

한편, 자신의 연봉에 비해 너무 비싼 고급 승용차를 구매하고, 자신의 능력으로 갚기 힘든 융자를 내서 집을 매입함으로써 신용불량자가 되는 사람이 있다. 무리를 하지 않으면 신용불량자가 될 리가 없는데 왜 굳이 이런 무리를 할까?

자기 정체성이 형성되어 있지 않기 때문이다. 그래서 어떻게 사는 것이 바람직한 삶인지 알지 못한 상태에서 허세를 부리고 분에 넘치는 브랜드 상품을 구매하는 것이다.

자기 정체성이 형성되면 이런 무리를 할 필요가 없다. 실제 이상으로 자신을 보이려는 허세가 발생하지 않기 때문이다. 또 허세를 부릴 필요가 없는, 마음을 나눌 수 있는 동료들도 생긴다.

"자신의 시를 구가하는 시인이 되라. 자신의 색깔을 가진 화가가 되라. 자신의 권리를 믿으며 목표를 정하고 명확한 의도를 가지면 인생에 걱정이라는 먹구름은 끼지 않을 것이다. 인생에는 당신 본래의 자질에 위반되는 의무는 존재하지 않는다. 당신이 그런 것이 존재한다고 믿고 있을 뿐이다." [34]

자기 정체성이 형성되면 인생의 목표를 정하고 의도를 명확하게 할 수 있다. 그래서 인생에 걱정이라는 먹구름이 끼는 일은 발생하지 않는다. 힘든 상황을 만났을 때에 쉽게 마음을 정리할 수 있고, 그런 과정을 통하여 마음의 지주가 형성되기 때문이다.

자기 정체성이 형성되어 있지 않으면 연인에게조차 허세를 부린다. 무리해서 고가의 브랜드 상품을 선물하고 자신의 수입으로는 구매할 수 없는 명품을 매입한다.

연인 자체를 잘못 선택하기도 한다. 자신에게 어울리는 상대가 아니라 다른 사람에게 보여주며 자랑할 수 있는 상대를 선택하기 때문이다. 연인을 잘못 선택하는 사람은 동료를 선택할 때도 잘못된 판단을 한다. 그런 식으로 잇달아 인간관계를 잘못 구성하는 것, 그것이 가장 큰 불행이다.

아무리 가난해도 마음이 착한 사람들과 함께 살 수 있으면 행복하다. 그런 사람이 '마음의 품격'을 갖춘 사람들이다. 하지만 마음의 지주가 갖추어져 있지 않으면 '마음의 품격'은 생각할 수 없다. 아무리 강한 권력을 얻어도 자신을 이용하는 나쁜 사람들과 함께 생활하는 것은 지옥이다.

힘든 환경도 마음의 지주를
세우는 기회다

앞에서 설명한 것처럼 자기 정체성이 형성되는 길은 두 가지가 있다. 그중 하나는 사랑을 받아 자연스럽게 형성되는 것이다. 하지만 세상에는 사랑을 받으며 성장하는 사람만 존재하는 것이 아니다. 그들은 오히려 소수에 해당한다.

신경증에 걸린 부모 밑에서 자란 사람도 있다. 사랑을 받지 못하고 자란 경우, 칭찬을 듣고 싶어 한다. 그래서 인정받기 위해 사람들에게 아첨하고 인정받기 위해 노력한다. 그런 식으로 사람들에게 휘둘리면 아무리 시간이 지나도 자기 정체성은 형성되지 않는다. 미움을 받는 것이 두려워 사람들의 표정만 살펴서는 '나는 나'라는 정체성이 형성되지 않기 때문이다.

그러나 앞서 설명했듯이 나쁜 사람들에게 심하게 당한 경우에 심리적 과정을 거쳐 자기 정체성이 형성될 수 있다. 사랑을 받지 못하고 성장한 사람은 커뮤니케이션 능력이 없기 때문에 성인이 되어 나쁜 사람을 만나는 경우가 많지만, 그것이 자기 정체성을 형성

자기 정체성을 바로 세운 사람은 인생의 목표를 정하고 의도를 명확하게 할 수 있다.

하는 기회가 되기도 한다.

사랑을 받지 못하고 성장했지만 성실하게 노력해 사회적으로 성공을 거두었다. 그런데 나쁜 사람들에게 휘둘리면서 그 세계에 안주한다. 그래서는 자기 정체성이 형성될 수 없다.

만약 그 상태로 중장년이 될 경우, 설사 어떤 칭찬을 듣고 기분이 좋아진다고 해도 왠지 모르게 불안하다. 성공을 해도 마음이 안정되지 않는다.

사회적으로 성공을 했더라도 자기 정체성이 형성되어 있지 않으면 다른 사람의 말을 듣지 않는다. 듣기 좋은 이야기에만 귀를 기울이고 기분 나쁜 이야기에는 귀를 기울이지 않는다. 그들의 마음속에는 증오가 존재하기 때문에 순수하게 반응할 수 없고, 그로 인해 다른 사람의 말도 듣지 않는 것이다.

그들은 마치 어머니가 들려주는 자장가처럼 달콤한 말에만 귀를 기울인다. 자기 정체성이 형성되지 않은 상태에서 나름대로 성공을 거두어 편안한 세상에 안주하면 노년기에 반드시 좌절을 맛본다. 노년기에 접어들면 사회적 성공이라는 것으로는 이겨낼 수 없는 '죽음'이라는 문제에 직면하기 때문이다.

단, 이런 사람도 질책이나 꾸중을 들었을 때 그 말에 진지하게 귀를 기울일 수 있다면 자기 정체성이 형성되고, 고통으로부터 구원받을 수 있다. 문제는 진지하게 귀를 기울일 수 있는 순수한 마음이 있는가 하는 것이다.

자기 정체성이 형성되면 누구나 자신의 독자적인 세계를 발견할 수 있다. 그곳이 마음을 놓을 수 있는 세계다. 그곳은 생활하기는 편하지만 왠지 불안한, 그런 세계가 아니다. 칭찬을 원하는 세계가 아니기 때문이다.

마음 놓고 지낼 수 있는 자신만의 세계를 만든 사람은 심리적으로 안정되어 있기 때문에 '마음의 품격'이 갖추어져 있다. '마음의 품격'이 있는 사람은 '마음의 품격'이 있는 사람과 함께 살아가려 한다.

6장

단련된 마음과
자립의 순간

어머니다운 존재를 원하는 사람은 무의식적으로는 반역하고
죄악감을 느끼면서도 한층 더 순종하고 복종할 것이다.

– 에리히 프롬

당신 스스로를
인정해야 한다

IQ가 아닌 EQ감성지수가 중요하다는 말이 유행하던 시기가 있었다. 마음을 안정시키는 것은 감성지수의 기본이다.[35]

마음을 안정시키려면 문제를 직면했을 때 그 자리에서 감정을 처리하는 것이 매우 중요하다. 이것이 자신을 컨트롤할 수 있는 원천이다. 감성지수가 높은 부모의 아이가 본인의 감정을 적절하게 처리할 줄 아는 것도 이 때문이다.

"마음이 동요되었을 때에도 스스로 감정을 가라앉힐 수 있고 마음이 흔들리는 횟수도 적다."[36]

마음이 흔들리고 있는가 하는 것은 스트레스성 호르몬이나 그 밖의 정동적情動的 흥분을 나타내는 생리적 수치의 높고 낮음을 보면 알 수 있는데, 감성지수가 높은 부모의 아이는 그 수치가 낮다.[37] 툭하면 침울해지거나 자신의 감정을 처리하지 못하는 이유가 원래

부터 무능한 인간이기 때문이 아님을 강조하고 싶다.

지금 감정을 처리하고 있는 상태, 현재 상태 자체가 칭찬받을 일이다. 지금까지 성장해 온 환경을 생각하면 자신의 감정을 이 정도로 처리하고 있다는 것만으로도 대단하다. 심리적으로 훨씬 동요를 일으킬 수 있고 문제를 처리하는 능력이 훨씬 서투를 수 있지만 나름대로 잘 처리하고 있지 않은가.

자신의 감정에 지금보다 훨씬 더 휘둘려도 이상할 것이 전혀 없는데도 그 힘든 상황을 이렇게 견디고 있다는 것 자체만으로 당신은 최선을 다하고 있는 것이다.

감성지수가 높은 부모 밑에서 성장한 사람과 감성지수가 낮은 부모 밑에서 성장한 자신을 비교하면 안 된다. 감성지수가 높은 부모 밑에서 성장한 사람이 감정이나 문제를 적절하게 처리하는 능력은 대단한 것이 아니다. 그런 사람은 정서적으로 안정되어 있지만 그것은 그가 직접 고민을 해결하고 고통을 견디낸 뒤에 거머쥔 승리가 아니다. 본인의 노력으로 일구어낸 성과가 아니라 바람직한 환경에서 성장할 수 있었기 때문에 얻게 된 열매다.

불쾌한 감정에서 빠져나오지 못해 절망감을 느끼고 무척 침울해 있지만, 지금 표면적으로는 평온한 얼굴을 유지하면서 살고 있지는 않은가.

애정을 충분히 받지 못한 환경에서 성장한 사람은 자신의 위대함을 깨달아야 한다.

"감성지수가 높은 부모 밑에서 자란 아이는 EQ뿐 아니라 넓은 범위에서 놀라울 정도로 재능을 신장시킬 수 있다." [38]

당신은 감성지수가 낮은 부모 밑에서 자랐는데도 지금까지 이 혹독한 사회에서 살아왔다. 자신이 얼마나 불리한 조건에서 최선을 다해 살아왔는지 깨달아야 한다.

주변 사람들은 당신이 얼마나 불리한 상황에서 최선의 노력을 기울이며 살아왔는지 모르기 때문에 당신의 진정한 장점을 인정해 주지 않는다. 아니, 당신 스스로도 인정하지 않는다.

다른 누군가가 인정해 주는 것은 중요하지 않다. 그러나 당신만큼은 스스로를 인정해야 한다.

"감성지수가 높은 아이는 친구들에게 인기가 있고 모든 사람에게 사랑을 받을 수 있다." [39]

하지만 당신은 감성지수가 낮아도 지금까지 사회에서 잘 살아왔다. 그런 자신을 칭찬해 주어야 한다.

"그래. 지금까지 잘해왔어!"

이렇게 생각하는 게 바람직하다.

자기 자신을
컨트롤할 수 있다

곤경에 처했을 때에 어떻게 살아남는가 하는 것은 인생에서 매우 중요하다. 곤경에 처했을 때에 살아남을 수 있는 사람은 마음의 지주를 갖춘 사람이다. 그러나 바람직한 인간적 환경에서 성장하지 못한 사람은 본인의 능력으로 마음의 지주를 갖추어 이겨내는 수밖에 없다.

힘이 들 때, 곤경에 처했을 때에도 눈빛이 흔들리지 않고 안정감을 유지할 수 있는 사람은 마음의 지주가 확실하게 갖추어져 있는 사람뿐이다. 그러나 어린 시절에 자연스럽게 마음의 지주를 갖출 수 있는 바람직한 환경에서 성장하지 못한 사람은 스스로 마음의 지주를 찾아 강한 사람이 되는 수밖에 없다.

현재 여러 가지 문제를 끌어안고 있지만 냉정을 유지하고 상대방의 이야기에 귀를 기울일 수 있는 사람은 마음의 지주가 갖추어져 있기 때문에 자신의 의식을 컨트롤할 수 있다. 그는 주변의 사건들도 여유롭게 컨트롤할 줄 안다.

컨트롤한다는 것은 '처리한다', '풀어낸다'는 것이다. 예를 들어, 주위 사람들에게 '자신의 집을 멋지게 보이고 싶다'는 마음이 있다면 집을 짓는 것 자체가 고민거리가 된다. 그런 허영이 없다면 건축에 따르는 여러 문제를 초월할 수 있다. 그것이 자신을 컨트롤하는 것이다.

현관이 망가진 상태에서 손님이 찾아와도 태연하다. 비가 내리는데 현관에 우산꽂이가 없다. 그럴 때에 손님이 찾아와도 태연하게 맞이할 수 있다. 그것이 자신을 컨트롤하는 것이다.

자신을 컨트롤한다는 것은 마음이 다른 대상에 의존하고 있지 않기 때문에 가능한 일이다. 자신을 컨트롤하는 사람은 '상대가 이렇게 생각하면 안 된다'는 식으로 자신의 마음을 다른 사람의 생각에 의존하지 않는다. 돈이나 멋진 집에도 자신의 마음을 의존하지 않는다.

누가 어떻게 생각하건 고민하지 않는다. 당황해서 허둥대지 않는다. 마음의 지주가 갖추어져 있는 사람이어야 이런 평온한 상태를 유지할 수 있다. 평온한 심리 상태가 자신의 마음은 물론이고 예상하지 못한 사건까지도 컨트롤할 수 있게 한다.

'무엇을 버려야 할까?' 하는 생각이 자신을 컨트롤할 수 있는 사람인가, 그렇지 않은가를 판단하는 기준이다.

무엇을 버려야 할지를 판단하지 못하면 매일 발생하는 문제를 컨트롤할 수 없다. 문제가 발생했을 때 무엇을 버려야 할 것인지 생

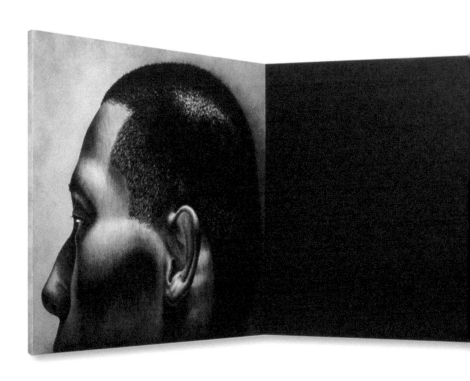

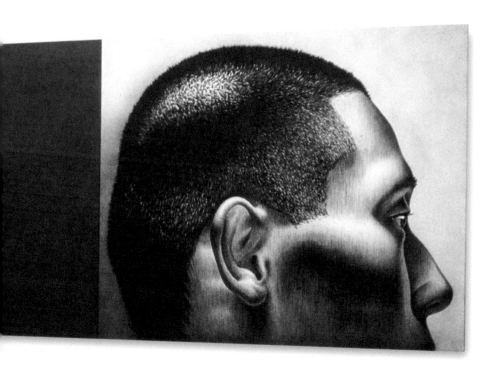

자신을 컨트롤한다는 것은 마음이 다른 대상에 의존하고 있지 않기 때문에 가능한 일이다.

각하고 결단을 내릴 수 있어야 마음을 컨트롤할 수 있다.

자신을 컨트롤할 수 있게 되면 이전처럼 마음이 초조하거나 불안하지 않다. 초조하고 불안한 사람은 '나는 완벽해야 한다'고 생각하는 경우가 많다. 마음의 지주가 없기 때문에 '완벽함'에서 마음의 지주를 찾는다. 그러나 그것은 애초에 불가능한 일이기 때문에 불안만 키울 뿐이다.

분노와 초조감이 전혀 느껴지지 않는 날이 하루라도 있다면 자신을 높이 평가해야 한다. 마음속에 증오가 없다는 뜻이기 때문이다. 증오가 없다는 것은 욕심이 없다는 것이다. 그 많은 고통을 견디내며 여기까지 달려온 자신을 높이 평가하자.

"나는 모든 점에서 완벽한 인간이어야 해."

이런 생각은 욕심일 뿐이다. 이 욕심은 유아적 욕구에서 나오는 것이다.

대학 교수들 중에도 자신의 마음이나 문제를 컨트롤할 줄 아는 교수와 그렇지 않은 교수가 있다. 논문이나 학생에 대한 평가, 업무, 가족, 집 등 모든 것이 완벽해야 한다고 생각하는 교수가 있는데, 자신의 능력 이상으로 스스로에게 많은 기대를 거는 교수는 문제에 적절하게 대처하지 못하고, 자신의 마음 역시 컨트롤하지 못한다. 결국 이들은 신경증에 걸린다.

좋은 논문을 쓰겠다는 데에만 초점을 맞춘 교수는 자신을 컨트롤할 수 있다. 좋은 가정을 만드는 데에만 초점을 맞춘 교수는 자신을 컨트롤할 수 있다. 컨트롤은 융통성을 가진다는 것이고, 우선 순위를 매길 수 있다는 것이다.

마음의 지주와 초점을 맞추는 것은 선순환을 만들어낸다. 마음의 지주가 갖추어져 있기 때문에 초점을 맞출 수 있다. 초점을 맞출 수 있기 때문에 마음의 지주가 갖추어진다.

태풍이 불어도
쓰러지지 않는다

무슨 일이 있어도 즐거운 마음을 유지할 수 있는 사람은 에너지가 넘치는 사람이다.

우울증에 걸리는 사람은 즐겁지 않다. 돈이 있어도 즐겁지 않고 건강해도, 명예가 있어도 기쁘지 않다.

우울증 환자와는 반대로 무슨 일이 있어도 즐거운 마음을 유지하는 사람이 있다. 그런 사람이 되려면 어떻게 해야 할까?

해가 지면 잠자리에 든다. 아침이면 정해진 시간에 일어난다. 일찍 자고 일찍 일어나는 매우 당연한 생활을 한다. 이것이 기본이다. 그러나 에너지가 부족하면 당연하고 평범한 생활도 어긋나기 시작한다. 그리고 당연한 생활을 하지 않으면 에너지를 잃는다.

따라서 당연한 일이 어긋나거나 어떤 악순환이 시작되려는 조짐을 보일 때에는 즉시 생활을 바꾸어 해가 지면 잠자리에 들고, 아침이면 알람 소리를 듣고 자리에서 일어나야 한다.

자신에게 마음의 지주가 없다는 느낌이 든다면 일단 당연하고

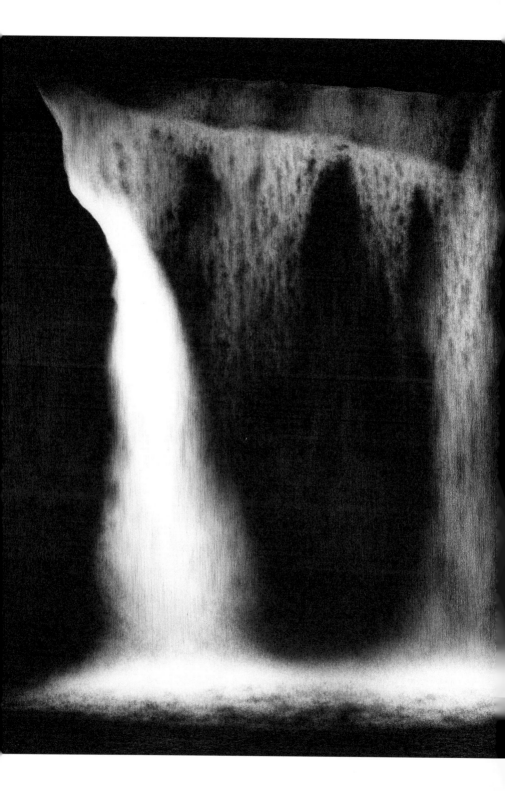

평범한 생활을 통하여 마음의 지주를 세워야 한다.

돈이 있으면 행복할 것이다, 일류 대학에 가면 행복할 것이다, 마음의 지주가 갖추어져 있지 않으면 행복의 의미를 모르기 때문에 이런 식으로 행복을 찾는다. 그리고 마지막에는 10만 원짜리 값비싼 밥을 먹으면서 행복을 느낀다. 그 결과, 신경증에 걸린다.

신경증에 걸리지 않으려면 동물에게 배워야 한다. 동물은 현재 자신의 상태를 지옥이라고 생각하지 않는다. 곤란하다고 생각하지 않는다. 동물은 새끼를 키우면서 신경증에 걸리는 일이 없다. 그것은 합리주의 같은 이론들을 제쳐두고 일단 물리적, 신체적으로 당연한 생활을 하고 있기 때문이다.

불안한 사람은 마음의 지주가 갖추어져 있지 않다. "이 사람만은 믿는다."고 말할 수 있는 친구나, "이 분야만큼은 최선을 다해서 공부했기 때문에 자신이 있다."는 대상도 없다. "이것만큼은 분명한 내 집이다." 하는 집도 없고, "이것은 분명한 내 방이다." 하는 방도 없다. 그런 집이나 방은 돈으로 만드는 것이 아니라 시간을 들여 하나하나 완성하는 것이다.

확실한 대상이 아무것도 없는 이유는 무엇일까?

예를 들어, 이들은 집을 구입하더라도 부모님의 재산으로 구입한다. 생활 전체가 이런 방식이다. 지금까지의 생활방식은 결과만을 좇고, 다른 사람에게 보이기 위한 것이고, 책임이나 부담을 피하고, 다른 사람과 경쟁하는 것이었다. 그런 방식으로 생활을 해온 사람에게는 마음의 지주가 없다.

'이 집은 내가 땀 흘려 소유하게 된 집'이라는 느낌이 들었을 때 마음의 지주가 갖추어진다. 아무리 허름하고 작은 집이라고 해도 그런 집은 마음의 지주가 될 수 있다. 하지만 아무리 화려하고 넓은 집이라고 해도 부모의 유산이나 다른 사람을 속여서 얻은 집은 마음의 지주가 될 수 없다.

"부정한 돈은 내 것이 되지 않는다."는 말이 있다. 아무리 큰돈을 소유하고 있다고 하더라도 부정한 돈으로는 자신감을 얻을 수 없다. 땀 흘려 노력해서 얻은 돈이어야 심리적인 안정감과 자신감을 안겨준다.

부모의 능력을 빌려 권력을 붙잡아도 그 권력은 마음의 지주가 되지 않기 때문에 심리적인 안정감을 기대할 수 없다. 사회적 지위에 어울리는 능력이 자신에게는 없다는 것, 그에 어울리는 노력을 하지 않았다는 것은 누구보다 본인이 가장 잘 알고 있다. 그렇기 때문에 막대한 권력을 얻어도 불안해하는 사람이 많은 것이다.

위로 올라갈 생각만 하고 노력해 온 사람은 무엇인가 문제가 발생하면 즉시 나약한 모습을 보인다. 뿌리를 내린 나무는 태풍이 불어도 쓰러지지 않지만 뿌리가 없는 나무는 약간의 바람에도 쓰러져버린다.

인생에는 다양한 문제가 발생한다. 문제를 만났을 때 마음의 지주가 없는 사람은 즉시 나약해진다. 사회적인 위치가 아무리 확고

하다고 해도 심리적으로 나약하면 인간관계에서 문제가 발생했을 때, 즉시 좌절한다.

마음의 지주를 얻고 싶으면 결과가 아니라 과정을 중시하는 생활을 해야 한다. 집을 소유했다거나 그렇지 못했다는 식의 결과가 아니라 어떤 과정을 거쳤는가를 생각해야 한다.

자신의 의지로
선택한다

다른 사람을 관찰한다. 다른 사람과의 관계나 어떤 특별한 상황에서 자신의 역할을 인식한다. 마음의 지주가 없는 사람은 자신에게 어울리지 않는 역할을 연기하려 하기 때문에 결과적으로 자신이 거처할 장소를 잃는다.

모든 사람에게는 각자의 역할이 있다. "가마를 타는 사람, 가마를 짊어지는 사람, 그 옆에서 짚신을 만드는 사람"이라는 말이 있다. 결혼식장에서 신부는 신부의 역할을 한다. 모든 사람들의 주목을 받으며 그 장소의 중심 역할을 한다. 들러리가 신부 역할을 해서는 안 된다.

그렇다면 왜 어떤 사람들은 이렇듯 자기 역할을 망각하고 어울리지 않는 다른 자리를 욕심내는 것일까? 평소에 사람들을 관찰하지 않기 때문이다.

"아, 여기는 그 사람이 없으면 유지될 수 없어."라고 말하는 경우가 있는데, 여기에서의 '그 사람'은 그 장소에서 꼭 중심 역할을 맡은 사람만을 말하는 것이 아니다. 자기 역할을 제대로 해내는 사람을 말한다. 어느 조직이건, 어느 사회이건 마찬가지다.

위대한 사람과 훌륭한 사람을 구분할 필요가 있다. 마음의 지주가 없는 사람은 사회적으로 위대해지려고 노력하기는 해도 훌륭해지려고 노력하지는 않는다. 그 결과, 자신이 있어야 할 거처를 잃는다.

누구에게나 거처는 있지만, 마음의 지주가 없는 사람은 그 거처를 잘못 선택한다. 마음의 지주가 있는 사람은 시간이 지날수록 자신의 거처를 강화하지만, 마음의 지주가 없는 사람은 시간이 지날수록 자신의 거처를 잃어간다.

진정한 의미에서의 마음의 지주를 세우려면 평소에 다른 사람을 잘 관찰해야 한다.

"다른 사람의 행동을 보고 나의 잘못을 고친다."는 말이 있다. 어디에 있더라도 "아, 저 사람은 너무 나대는구나." 하는 느낌을 주는 사람이 있고, 반대로 "아, 저 사람이 있기 때문에 이 집단이 유지되는 것이구나." 라는 느낌을 주는 사람도 있다. 그런 사람들을 보고 배우는 것이다.

지나치게 나대는 사람을 잘 관찰한다. 행동에는 그 사람의 마음이 표현되어 있다. 다른 사람에게 허세를 부린다고 마음의 지주를 얻을 수 있는 것은 아니다. 자신에게 허세를 부려도 마찬가지다. 허세를 통해서는 마음의 지주를 얻을 수 없다.

자신이 아무리 부족하고 모자라도, 아무리 유치해도 그런 자신을 있는 그대로 인정하고 받아들여야 한다. 거기에서부터 출발해야 마음의 지주가 갖추어진다.

또 아무리 작은 일이라도 스스로 결정하는 습관을 갖추어야 한다. 이런 습관을 들이면 자신의 의지가 어느 정도인지 파악할 수 있다. 마음의 지주가 갖추어지지 않은 원인 중의 하나는 지금까지 자신의 의지로 선택을 하지 않았다는 것이다. 따라서 아침식사를 무엇으로 할 것인가 하는 일상적이고 사소한 일부터 스스로 결정하는 습관을 들여야 한다.

무엇보다 중요한 것은, 다른 사람을 원망하는 행동은 하지 말아야 한다는 것이다. 특히 가까운 사람을 원망하는 행동은 즉시 그만두어야 한다.

책임을 남에게 전가하여 자신의 책임을 회피하는 행동은 의지를 나약하게 만든다. 심리적 성장을 하지 못하는 '어른아이'가 아무리 시간이 흘러도 항상 책임을 남에게 전가하려 하는 것도 그 때문이다. 남에게 매사 책임을 전가하는 한 마음의 지주는 갖추어지지 않는다.

책임을 전가하면 그 당시는 마음이 편하다. 다른 사람을 원망하는 방법을 통하여 자신의 책임을 피할 수 있으니 이보다 편한 것은 없다. 하지만 그 일시적인 편안함이 마음을 점차 나약하게 만든다는 것을 알아야 한다.

마음의 지주가 없는 사람은 대부분 원망하기 쉬운 상대에게 책임을 전가한다. 자신을 공격하지 않는 힘없는 사람을 책임 전가의 대상으로 삼는 것이다. 이런 행동을 반복하면 아무리 시간이 흘러도 마음은 단련되지 않는다.

자신의 의지로 실행한 일이 뜻대로 되지 않았다고 해도 다른 사람을 원망하지 말고, 그 사실을 있는 그대로 받아들일 수 있어야 의지가 강해진다.

의지와 마음의 지주는 떼려야 뗄 수 없는 관계다. 그렇기 때문에 사회적으로 성공을 거두고도 자신감이 없고 불안한 사람이 있고, 사회적으로 성공하지 못했더라도 자신감이 있고 평온한 마음을 유지하는 사람이 존재하는 것이다.

무슨 일이건 자신의 의지로 선택하지 않기 때문에 아무리 많은 시간이 흘러도 자신을 믿고 살 수 없다.

자신의 의지가 갖추어져 있는 사람은 상대방의 의지를 인정한다. 그러나 자신의 의지가 없는 사람은 상대방의 의지를 인정하지 않는다.

의지가 갖추어져 있으면 커뮤니케이션이 원활하게 이루어지고 심리적인 유대관계도 바람직하게 형성된다. 그러나 자신의 의지를 버리고 '가식'이라는 옷을 걸치고 살면 마음의 지주는 절대 갖추어지지 않는다.

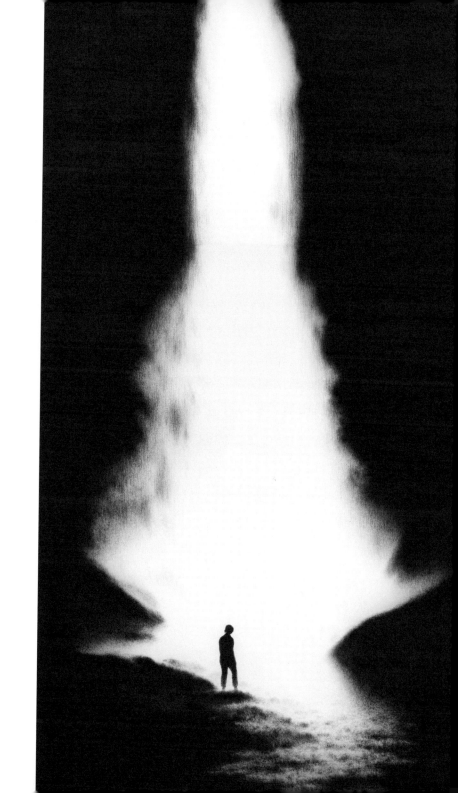

당당하게 책임을 지고
앞으로 나아간다

의지와 에너지가 없으면 안락을 추구하게 되고 편한 장소만 찾는다. 편한 장소에 안주하면 강한 압박이 밀려오고 결국 고통과 직결된다.

연애를 할 때도 마찬가지다. 유혹을 받고 만남을 시작하는 것은 좋지만 그 때문에 이용을 당하고 결국 헤어진다. 하지만 상대방을 원망만 하고 있어서는 앞으로 나아갈 수 없다. 또다시 이용을 당할 뿐이다.

앞으로 나아가지 못하는 것은 에너지가 없다는 뜻이고, 그 나이에 어울리는 인생을 열지 못한다는 뜻이다.

이혼을 한 뒤에 받는 고통의 수위는 사람에 따라 다르다. 하버드대학교 심리학 교수인 엘렌 랭거Ellen Langer가 이와 관련된 조사를 했는데, 통계적으로 이혼의 원인을 상대방에게서 찾는 사람은 이혼 후에도 끝없이 괴로워한다고 한다. 즉, 책임을 상대방에게 전가하는 사람은 그 당시에는 심리적으로 편할지 몰라도 이후에는 고통 속에서 살아간다는 것이다. 이혼이라는 과거에서 벗어나지 못하는 것이다.

줄곧 '당했다'고 생각하지만 잃어버린 것은 다시 돌아오지 않는다. 이런 생각에 매인 사람은 현재를 살고 있는 것이 아니다. 그에게 현재는 존재하지 않는다. 과거만이 존재할 뿐이다. 지금 이 순간도 수십 년 전의 길을 걷고 있는 것과 같다.

"그건 내 선택이었어."

이렇게 당당하게 인정해야 앞으로 나아갈 수 있다. 자신의 실수라고 인정하지 않으면 또 잘못된 선택을 하게 된다.

"그건 내 책임이었어."

"그래. 그건 내 판단이었어."

당당하게 책임을 지고 자신의 잘못이라고 인정하면 나아갈 길이 열린다.

이혼을 해서 기분이 우울해졌다. 자기만의 매력과 개성도 빛을 잃었고 늘 어두운 방에서 생활하고 있다. 그래서 책임을 전가하며 상대방을 원망한다.

"그때 그 사람이 나를 유혹했어. 그 사람이 내게 프러포즈만 하지 않았다면 나는 절대로 이렇게 되지 않았을 거야."

이래서는 원한이 사라지지 않는다.

"그래. 그건 내 판단이었어." 하고 깨끗하게 인정하지 않으면 원한으로 가득 찬 고통스런 여생을 보내게 될 뿐이다. 당연히 밝은 미래도 열리지 않는다.

새로운 미래를 열기 위해 가장 중요한 것은 그 어두운 방에 '스스로 들어갔다'는 사실을 인정하는 것이다.

어린 시절부터 지금까지 발생한 다양한 사건들을 인정한다. 부모가 신경증이었다. 그 결과, 자신도 신경증에 걸려 어두운 분위기를 풍기는 사람이 되었다.

"내 인생이 힘든 이유는 부모 때문이야."

부모가 원망스럽다. 지금 불행한 원인을 부모 탓으로 돌리면 당장은 심리적으로 편할 수 있지만 밝은 미래는 열리지 않는다. 원망만 해서는 미래가 밝아질 수 없다.

"나를 신경증 환자로 만든 건 부모야."

이 사고방식이 심리학적으로 옳다고 치자. 그렇다고 미래의 인생을 계속 어두운 상태로 이어갈 것인가? 계속 부모만 원망하고 있어서는 아무리 시간이 흘러도 "지금 행복하다."고 말할 수 있게 상황이 전개되지 않는다.

밝은 미래로 나아가려면 어두운 방에 '스스로 들어갔다'고 인정해야 한다. 인정하는 그 순간, 자신이 바뀐다.

어떤 일이건 자신이 선택한 일은 플러스로 작용한다고 생각해야 한다. 지금은 마이너스더라도 그 모든 상황을 자신이 선택한 것이라고 인정하면 나중에 플러스로 이어진다.

물론 자신의 잘못을 인정한다는 것은 쉬운 일이 아니다. 그렇기 때문에 대부분의 사람들은 인정하려 들지 않고, 결국 밝은 미래를 만들어내지 못한다.

인생의 방향을 결정할 중대한 선택이 몇 가지 있다. 그중 하나는 "나를 신경증 환자로 만든 것은 부모야."라는 심리학적 사고방식에 매달려 어두운 방에서 인생을 끝내는 것이다. 또 하나의 선택은 그 또한 자신의 선택이라고 인정하고 미래를 적극적으로 바꾸는 것이다.

미래를 바꾸는 길을 선택한 사람은 성스러운 존재가 된다. 어느 나이에 이르면 '훌륭한 사람'이라는 말을 듣게 된다.

예순이 지나면 덕을 베풀 줄 알아야 하는 나이다. 하지만 심리적 근거에 집착하여 끝없이 부모를 원망하는 사람은 스스로 선택한 인생이 아니기 때문에 덕을 베풀어야 할 나이에 이르러도 끊임없이 받기만을 원한다. 어머니의 사랑에 굶주려 있는 어린아이의 심리에서 벗어나지 못하기 때문이다. 이런 사람은 욕구가 해소되지 않았기 때문에 계속 베풀 줄은 모르고 받기만을 바라는 것이다.

모든 사람에게 대단한 사람이라는 평가를 듣고 싶다. 그래서 자랑을 늘어놓는다. 하지만 상대방이 그런 평가를 해주지 않는다면 어떻게 될까? 불안하기 때문에 또 자랑을 늘어놓는다. 그런 식으로 늘 자기자랑만 한다.

끝없이 칭찬을 요구하며 다른 사람의 이야기에는 귀를 기울이지 않는다. "나를 칭찬해 줘." 하고 응석을 부리는 듯한 대화만 한다.

그것은 대화가 아니지만 본인은 그것이 대화라고 생각하고 다른 이야기에는 홍미를 느끼지 않는다. 그 결과, 주위 사람들에게 미움을 받고 결과적으로 욕구불만 상태에 빠진다.

유아적 욕구가 해소되지 않는 한 나이가 들어서도 이런 악순환은 끊임없이 되풀이된다.

자신을 믿고
싸워야 한다

유아적 욕구가 해소되지 않은 사람은 어린 시절에 어머니의 보호를 받지 못한 사람이다. 어린 시절에 어머니는 자신의 말에 귀를 기울여주지 않았다. 그렇기 때문에 성인이 된 이후에도 어머니다운 존재가 곁에서 항상 자기를 지켜주기를 바란다. 그 사람이 항상 보호해 주기를 바란다.

모든 사람에게 칭찬 듣기를 원하고, 겉으로는 "나는 주목받는 건 좋아하지 않아."라고 말하면서 주목받기를 바란다. 그리고 자신에게 모든 것이 허용되는 세계, 그런 인간적 환경을 바란다. 애정 결핍이 강한 경우에 나타나는 자연스러운 욕구다. 그러나 자연스러운 것이 반드시 행복과 연결되지는 않는다.

자연의 법칙을 초월해야 한다. 그것이 인간의 자유이고, 거기에 인간의 존엄이 있다. 삶이 아무리 힘들고 고통스러워도 이 인생은 자신이 선택했다고 인정해야 한다. 인간의 자유와 존엄은 거기에서 출발한다.

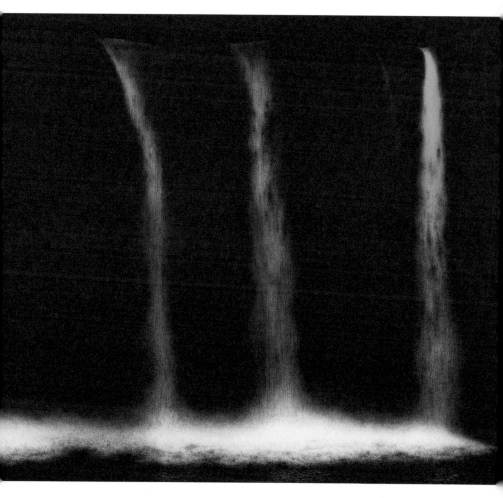

마음의 지주가 있는 사람은 시간이 지날수록 자신의 거처를 강화하지만,
마음의 지주가 없는 사람은 시간이 지날수록 자신의 거처를 잃어간다.

인간에게 가장 위대한 행위는 사랑받지 못했던 과거를 인정하고 단절한 다음, 밝은 미래로 나아가는 것이다. 그것은 나폴레옹의 승리보다 훨씬 위대하고 값진 승리다.

어두운 과거를 단절하지 않고는 앞으로 한 발짝도 나아갈 수 없다. 현재의 상황을 있는 그대로 납득하고 인정하면서 새로운 즐거움을 만들어낼 수 있는 사람이어야 다른 사람에게도 인정을 받고 호감을 얻을 수 있다.

사람들에게 호감을 얻는 이유는 그 사람이 욕구불만 상태에 놓여 있지 않기 때문이다.

자신을 믿고 싸워야 한다. 심리적으로 혜택을 받지 못한 환경에서 살아왔기 때문에 그 인생에는 중요한 의미가 있다. 설사 남에게 줄곧 속으면서 살아왔다고 해도 그런 자신의 삶을 절대적으로 인정하고 믿어야 한다.

유아적 욕구가 해소되지 않은 사람은 자신의 내부에 빈 공간이 존재하기 때문에 스스로를 믿지 못한다. 자신의 삶을 믿지 못한다. 그러나 마음속에 빈 공간이 있어도 지금까지 잘 살아왔지 않은가. 그것이 대단한 일이다.

아무리 멋진 난초, 아무리 아름다운 꽃도 시간이 흐르면 시든다. 현재 살아 있는 것이 당연하다고 생각하겠지만 사실 어제 죽었어도 전혀 이상하지 않은 것이 삶이다.

문득 느껴지는 것이 없는가. 사람의 목숨이 그런 것이다. 그렇기 때문에 현재 살아 있는 것에 감사해야 한다.

새로운 출발을
기쁘게 받아들인다

나름대로 회사에 공헌했다고 생각했다. 프로젝트를 진행할 수 있는 기회가 주어졌을 때, 상사가 가로막았다. 그 프로젝트는 자신 있는 분야라서 성공할 확률이 매우 높았는데, 시작도 하기 전에 불발이 되고 말았다. 이때 증오를 품는가, 아니면 그것을 새로운 출발로 생각하는가.

좋은 기회가 주어졌는데 상사가 가로막아 능력을 제대로 발휘할 수 없게 되었다면 화가 나지 않을 수 없다. 하지만 그런 경우에도 자신이 선택한 것이라고 받아들여야 한다. 더 좋은 기획안으로 상사를 설득하는 것은 이후 문제다. 일차적으로 자신의 선택으로 받아들이면 마음에 증오가 뿌리를 내리는 일은 없다. 그런 선택을 할 수 있는 사람이 스스로 행복하다고 생각하는 사람이다.

'상사 때문에 이렇게 되었어.'라고 생각한다면 마음속에 이미 증오가 쌓인다. 증오가 쌓이면 앞으로 나아갈 수 없다. '반드시 되갚을 거야.'라고 생각하는 사람은 삶을 행복하다고 여길 수 없다.

무슨 일이 있어도 그것이 새로운 출발이라고 생각해야 한다. 새로운 출발이라고 생각하면 어떤 일도 기분 좋게 받아들일 수 있다. '이것'이 없으면 앞으로 나아갈 수 없다고 생각하기 때문에 현재가 불행해지는 것이며, 마치 큰 문제라도 발생한 것처럼 허둥거리게 된다. 하지만 그것을 새로운 출발이라고 생각하면, 1년쯤 지나면 아무것도 아닌 일이었다는 사실을 깨닫게 된다.

시간이 흐르면 "뭐야, 별거 아니었잖아." 하고 가볍게 웃어넘기게 된다. 적극적으로 살다 보면 현재의 고통도 언젠가는 별거 아닌 추억으로 받아들일 수 있다.

당신이 작가라고 하자. 그런데 출판사에서 더 이상 당신의 책을 출간하지 않겠다고 선언했다. 그럴 경우, "그래. 충분히 발생할 수 있는 문제야."라고 생각하면 간단하다. 그런데 "아, 나는 이제 끝난 거야."라고 해석하기 때문에 문제가 된다.

무슨 일이 발생했을 때 마지막이라고 생각할 것인가, 새로운 출발이라고 생각할 것인가.

단시간에 승부를 내려는 조급함을 버려야 한다. 어쩌면 집필 작업 이외의 새로운 일을 시작할 수 있는 계기가 될 수도 있지 않은가. 무난하다는 것, 큰 사건이 없다는 것은 그 당시에는 좋지만 그로 인해 좌절을 맛볼 수도 있다. 지속은 반복적인 혁신을 통해서 이루어진다.

증오가 존재하기 때문에 늘 큰일을 하겠다고 생각한다. 하지만 사람은 작은 일이 차곡차곡 쌓이는 과정을 통해서 앞으로 나아갈 수 있다.

"나는 정말 고맙게 생각해. 건강보조제 같은 걸 먹지 않고도 건강하게 잘 살고 있으니까."

이렇게 스스로에게 감사의 말을 해야 한다.

이런 긍정적 사고가 적극적인 삶을 이끈다. 감사하는 마음이 기분 좋은 대화를 만들고, 그런 대화가 에너지를 만들어낸다.

7장

—

나는 나로서
살아간다

자신의 내부에 존재하는 중심을 발판으로 삼아 살아간다면
주변 사람들의 기대와 요구에 주도권을 빼앗기는 일은 없을 것이다.

– 에리히 프롬

당신은 지금까지
강하게 단련되어 왔다

우울증에 걸리는 사람은 마음속에 유아적 욕구를 가지고 있다. 유아적 욕구의 근원은 '책임지고 싶지 않다'는 것이다. 무책임한 것이다. 정신적으로 성숙하지 못한 사람은 책임지지 않고 살고 싶어 한다. 하지만 그것은 유아기에만 가능한 일이다.

사람은 본능적으로 책임지는 것을 싫어한다. "어느 쪽이 좋아?"라는 질문도 싫어한다.

유아는 책임을 지지 않아도 된다. 사람은 그런 무책임한 시기를 충분히 거친 다음 성인이 되어야 하지만 그것이 쉽지 않다. 모든 사람이 그렇게 바람직한 환경에서 성장하는 것은 아니기 때문이다. 다시 한 번 강조하지만 유아적 욕구의 기저에는 '무책임'이 있다.

"입을 벌리고 있을 테니까 음식을 떠먹여줘."

이것이 유아적 욕구다. 본질은 게으름이다.

우울증에 걸리는 사람은 책임질 능력이 없는 상태에서 책임을 추궁당하는 삶을 살아왔다. 어린 시절부터 책임을 추궁당했기 때문에 이제는 책임지지 않으며 살고 싶다.

책임질 능력이 없는 상태에서도 책임을 져야 하는 상황에 몰려 살아온 탓에 유아적 욕구가 충족될 여유가 없었다. 그래서 다시는 책임지고 싶지 않다.

하지만 성인이 되면 그 나이에 걸맞은 책임을 져야 한다. 주위에서는 나이에 어울리는 책임을 요구한다. 그런데 자신은 책임지고 싶지도 않고 책임질 능력도 없다. 사회적, 육체적으로는 성인이지만 심리적으로는 어린아이이기 때문이다. 육체적으로 비유하면 갓난아기가 10킬로그램 무게의 짐을 짊어지고 10킬로미터의 거리를 달리는 것과 같다. 그래서 매우 힘들다.

이렇게 힘이 들지만 어쨌든 큰 문제를 일으키지 않고 성실하게 지금까지 버텨왔다. 그것은 대단한 일이다. 그 힘든 고통을 견뎌내며 살아왔다는 것은 당연히 인정받아야 할 일이다. 이런 환경에서는 사회적으로 무책임한 인간으로 성장하는 게 오히려 일반적일 수도 있다. 그 때문에 주변 사람이 힘들었을 수도 있다. 하지만 당신은 주변 사람에게 그런 피해를 주지 않았다.

그렇기 때문에 지금까지 정말 잘 살아왔다고, 스스로의 노력을 되돌아보고 칭찬해 주어야 한다. 그런 노력이 일상화되면 그것이 당연한 것이 된다.

매일이 고통스러우면 고통이 당연한 것이 된다. 몸과 마음은 고통에 괴로워 몸부림친다. 고통이라고 의식하지 않더라도 고통은 고통이다. 의식하고 있지 않을 뿐이다. 고통을 당연시한다고 해서 고통을 느끼지 못하는 것이 아니라 고통에 익숙해질 뿐이다.

당신은 지금까지 강하게 단련되어 왔다. 당신의 마음은 고통에 익숙해지는 상황에 이를 정도까지 단련되어 왔다. "나는 지금까지 최선을 다해 살아왔어." 하고 자신을 인정하고 칭찬하면 마음의 지주가 형성된다.

마음의 지주가 생기면 자연스럽게 "아, 나는 대단한 사람이야." 하고 생각하게 된다. 힘든 시련을 견뎌온 스스로를 믿을 수 있게 되었기 때문이다. 당신이 지금 부러워하는 사람보다 당신 자신이 훨씬 더 대단한 사람이라는 사실을 깨달아야 한다.

당신은 일생 동안 한 번도 마음 놓고 살아보지 못했다. 이제 앞으로는 마음을 단련하려는 노력 대신 더 풍요롭게 만들기 위해 노력해야 한다.

이제는 당신의 두 다리로
우뚝 일어설 수 있다

우선 부모와의 관계를 진지하게 생각해 보자. 부모는 당신에게 진심으로 관심을 기울여주었는가? 성적이 좋을 때에는 칭찬해 주었지만 나쁠 때에는 어땠는가? 성적이 떨어졌을 때, 어떻게 하면 나아질 수 있는지 함께 대책을 생각해 주었는가? 부모에게 나쁜 성적을 보이는 것이 싫지는 않았는가? 나쁜 성적을 받았을 때 부모에게 보여주기 싫어서 감추지는 않았는가? 부모는 평소 당신의 말에 관심을 가져주었는가?

이런 식으로 부모와의 관계를 점검해 보는 것도 매우 중요한 의미가 있다. 학교 성적이 나빴을 때 부모에게 보여주고 싶지 않았다면 그 이유는 무엇인가? 부모는 당신의 학교생활에 관심을 보여주었는가? 몸이 안 좋을 때 당신이 말하지 않아도 부모가 먼저 알아채고 보살펴주는 편인가? 감기에 걸린 아이가 "나, 감기 걸렸어." 라고 말한 뒤에야 알아채거나 "그럼 약 먹어야지."라고 대답한다면 부모다운 부모가 아니다. 아이가 말하기 전에 아이가 감기에 걸렸다는 사실을 먼저 알아채는 것이 부모다운 것이다.

고민의 원인을 이해해야 지금 두려워하고 있는 것인지, 증오를 품고 있는 것인지 알 수 있다. 그래야 고민을 해결하고 앞으로 나아갈 수 있는 대책을 세울 수 있다. 당신은 애정을 원하고 있었지만 어머니가 애정을 주지 않은 사람이었다는 사실을 깨닫고 인정해야 자기 멸시가 사라지고 자신은 쓸모없는 사람이라는 생각을 하지 않게 된다. 이제는 당신의 두 다리로 우뚝 일어설 수 있어야 한다.

스스로 일어설 수 있는 힘을 어머니에게 요구해도 어머니에게는 그런 능력이 없다. 너구리에게 "사랑해줘."라고 말한들 너구리가 그 말이 무슨 뜻인지 알아듣겠는가? 사랑하는 능력이 없는 부모에게 사랑을 바라는 것은 무리다.

열 명의 부모가 있다고 하자. 대부분은 사랑하는 능력이 없는 부모다. 어머니는 어머니라는 역할로서는 '동메달'감인지도 모른다. 하지만 그런 어머니도 일에서는 '금메달'일 수 있다. 어머니에게 사랑할 능력이 없다. 하지만 일은 잘할 수 있다. 인간은 불완전한 존재다. 남자이건 여자이건 슈퍼맨은 없다.

사람은 자신의 부모를 선택해서 태어나는 것이 아니다. 그렇기 때문에 고민의 원인을 분명하게 이해하고 그것을 있는 그대로 받아들여야 한다. "이것이 나의 인생이야."라고 받아들이는 마음이 자립의 시초가 된다. 자신의 인생과 타인의 인생을 비교하지 말아야 한다. 괜한 열등감은 백해무익이다.

자신을 받아들이면
운명은 빛을 내기 시작한다

"내가 이런 사람이었다면……."

이런 식으로 늘 자신과 타인을 비교하는 사람의 약점은 어린 시절부터 하나하나 단계를 확인하지 않고 지금까지 살아왔다는 것이다.

어느 단계에서 자신은 가치가 없는 사람이라고 착각을 했다. 하지만 그것이 '착각'이라는 사실을 아무도 가르쳐주지 않았다. 그런 좋은 사람이 주변에 없었다.

결국 그 단계에서 심리적인 성장이 멈추어버렸다. 그뿐만이 아니다. 점차 잘못된 방향으로 들어서게 되었다. 행복해질 수 있었는데 불행한 인생이 된 것이다.

어디에서 길을 잘못 든 것일까?

길을 잘못 들게 된 시점을 찾지 못하면 앞으로도 계속 잘못된 길을 걸을 수밖에 없다. 만약 고민에 빠져 있다면, "무엇이 부족해서 지금 이런 상황에 놓이게 되었을까?" 하는 부분을 진지하게 생각해 보아야 한다.

미국의 심리학자 데이비드 시버리는 미국 전역을 돌아다니면서 고민에 사로잡혀 있는 사람들의 이야기를 들었다. 그리고 그들에게 공통점이 있다는 사실을 발견했다. 그들은 모두 다음과 같은 말을 할 수 없었다.

"나는 그런 사람이 아닙니다."

당신이 원숭이인데 누군가가 헤엄치기를 기대한다면 "나는 원숭이입니다. 물고기가 아닙니다."라고 말하면 된다. 그렇게 당당하게 말할 수 있는 사람은 고민하지 않는다.

헤엄을 치는 물고기가 나무에 오를 수 있는 원숭이보다 가치가 있다고 착각하기 때문에 "나는 그런 물고기가 아닙니다."라고 당당하게 말하지 못하는 것이다. 물고기는 헤엄칠 수 있다는 사실에 신경을 쓰지 않는다. 마찬가지로 사람은 '있는 그대로의 자신'에게 가치가 있다는 사실에 신경을 쓰지 않는다.

데이비드 시버리는 백조와 나이팅게일을 예로 들어 설명했다.

누군가 백조에게 아름다운 목소리로 노래를 불러주기를 원했다. 이 경우, 백조는 "나는 백조이지 나이팅게일이 아닙니다."라고 말하면 된다. 그렇게 말한다면 고민에 사로잡히는 일은 없다.

바꾸어 말하면 '고민에 사로잡힌 사람의 공통점은 자신을 받아들이지 않는 것'이라고 할 수 있다.

자신을 있는 그대로 받아들이는 태도가 중요하다. 사람은 각자

나름대로의 운명을 짊어지고 태어난다. 자신을 받아들이면 운명의 길은 열린다. 있는 그대로의 자신에게 가치가 있다는 사실을 깨닫는다면 운명은 빛을 내기 시작한다.

껍질을 깨고
두 번째 생일을 맞이한다

"내가 불행한 것은 모두 부모 책임이야."

이렇게 불평만 하면서는 앞으로 나아갈 수 없다. 물론 부모의 영향을 부정할 수는 없다. 태어났을 때부터의 인간적 환경이 독자성을 형성하는 데에 매우 결정적인 역할을 한다는 사실은 부정할 수 없다. 그렇다고 "내 인생이 고통스러운 것은 부모 탓이야. 태어나서 지금까지 좋은 사람을 만나본 적이 없기 때문이야."라고 한탄만 하고 있어서는 밝은 인생이 열리지 않는다.

인간의 독자성이 형성되는 데에 영아기, 유아기, 청소년기가 중요하다고 말하는 것은 인간의 이성을 두고 하는 말이다. 특히 태어난 이후부터 세 살까지가 매우 중요하다고 한다. 하지만 진정한 이성은 한계를 이해하는 것이다. 세상에는 불행한 운명을 짊어지고 태어난 사람도 있고 행복한 운명을 짊어지고 태어난 사람도 있다. 어머니다운 어머니 밑에서 자라는 사람도 있고 아이를 싫어하는 어머니 밑에서 자라는 사람도 있다. 그 환경은 천국과 지옥만큼 차이가 크다.

지금까지의 연구를 바탕으로 보면 세 살까지의 인간적 환경은 분명히 큰 영향을 끼친다. 하지만 나는 인간에게 두 번째 생일이 있다고 믿는다. "지금 나의 삶이 고통스러운 것은 부모가 원인이 아니라 내게 원인이 있기 때문이야."라고 결단을 내릴 때, 사람은 다시 태어난다.

그 결단의 순간이 자신의 껍질을 깨고 두 번째 생일을 맞이하는 전환기이며, 그야말로 아기 새가 둥지에서 날아오르는 순간이다. 즉, 둥지를 벗어날 때가 두 번째 생일인 것이다.

인간은 과거에서 빠져나올 수 없다. 인간이 어떤 부모 밑에서 태어나고 자랐는가 하는 것이 독자성을 형성하는 데에 결정적인 역할을 한다는 말은 분명히 근거가 있는 주장이다. 성장 과정에서 인간적 환경에 어떤 영향을 받았는가, 어떤 사람을 만났는가 하는 것에 의해 그 사람의 독자성은 형성된다.

그럼에도 인간에게는 두 번째 생일이 있다. 벗어날 수 없는 과거의 껍질을 깨는 시기가 분명히 존재한다.

어떤 단계에서 "부모만 원망해서는 앞으로 나아갈 수 없어."라고 깨닫고 "나는 앞으로 나아가야 해."라고 결단을 내린다면 그 순간이 두 번째 생일이다. 이때부터 새로운 세상과 새로운 길이 열린다. 이것이 인간의 존엄을 건 결단의 순간이다.

심각한 인격 장애를 앓는 부모도 있다. 사람을 싫어하는 부모도 있고, 아이를 싫어하는 부모도 있다. 심리적으로 두 살배기 어린아이에 지나지 않는 부모도 있다. 존 볼비가 말했듯 아이에게 응석을 부리는 부모도 있다. 아이를 학대하는 부모도 있다. 아이에게 일방적이고 무조건적인 사랑을 원하는 부모도 있다. 이런 부모 밑에서 자란 아이가 비명을 지르면서 신경증에 걸리는 것도 당연하다.

심한 우울증을 앓고 있는 부모도 있다. 대인 공포증을 앓고 있는 부모도 있고, 자기 스스로를 싫어하는 부모도 있다. 강한 의존 심리로 아이의 모든 것을 마음대로 지배하지 않으면 직성이 풀리지 않는 부모도 있다. 강한 나르시시즘에 빠져 있는 부모도 있다. 아이에게 전혀 관심을 보이지 않는 부모도 있고, 아이에게 상처를 입히는 방식을 통하여 자신의 마음을 치유하는 부모도 있다. 이 세상에는 상상할 수 없을 정도로 가혹한 부모들이 얼마든지 존재한다. 따라서 그런 부모에게 정신적, 육체적으로 학대를 당하면서 성장한 사람도 분명히 있을 것이다.

소년원이나 자립지원센터 등을 방문해 보면, 그곳에 있는 사람들의 절반 정도가 부모로부터 정신적, 육체적 학대를 당한 경험이 있는 사람들이다. 우울증에 걸리는 것도, 비행을 저지르는 것도, 잇달아 연애에 실패하는 것도, 친구가 없어서 고독한 것도 모두 나름대로 원인은 있다. 그럼에도 인간에게는 두 번째 생일이 기다리고 있다는 것을 잊지 말자.

진흙탕 속에서
아름다운 연꽃이 핀다

"당신의 불행은 당연한 것입니다."라고 말해준다고 해서 그 사람의 인생이 행복해지는 것은 아니다. 그렇지만 사람은 행복해지기 위해 태어났다는 주장에도 아무런 근거도 없다. "당신은 이러이러한 인간적 환경에서 태어났기 때문에 죽을 때까지 불행할 것입니다."라는 쪽이 훨씬 더 근거 있는 주장이다.

오스트리아의 정신과 의사 베란 울프Beran Wolfe가 말하듯 행복이건 불행이건 복리로 증식한다. 이 주장은 정신과 의사로서 실질적 체험을 바탕으로 한 것이며, 이론적으로도 맞는 주장이다.

불행한 사람은 점차 불행해진다. 그것은 뒤틀리고 완고한 사람을 생각하면 쉽게 이해할 수 있을 것이다. 뒤틀리고 완고한 사람을 좋아하는 사람이 있을까? 그런 사람 주변에 사람이 모일까? 즐거운 이야기가 나올 수 있을까? 뒤틀리고 완고한 사람은 누구나 싫어하기 때문에 불가능하다.

그러나 그 사람도 처음부터 그렇게 마음이 뒤틀려 늘 어두운 분

자신에게 가치가 있다는 사실을 깨닫는다면 운명은 빛을 내기 시작한다.

위기를 연출하고, 다른 사람의 말에는 전혀 귀를 기울이지 않는 완고한 사람이었던 것은 아니다. 어떤 원인이 있기 때문에 그런 사람이 된 것이다. 상처를 받았기 때문에 그런 사람이 된 것이다.

"너는 겁쟁이야. 머리도 나쁘고 인색하고 모두가 싫어하는 사람이야. 성격도 비뚤어져 있고 비겁해."

그는 이런 말을 들어도 맞는 말이라고 현실을 인정하지 않는다. 오히려 목에 핏대를 세우고 "나는 겁쟁이가 아냐. 비겁하지도 않아. 상대방이 비겁한 거야."라고 주장할 것이다.

하지만 마음속에서는 자신이 그런 사람이라는 사실을 잘 알고 있다. 그 때문에 자신에게 거짓말을 하는 억압이 시작된다. 그리고 그 억압은 미국의 정신과 의사 조지 웨인버그의 말처럼 점차 확대된다.

미국 ABC 뉴스가 언젠가 전 세계의 뇌 과학자들에게 사람은 세 살까지 성격이 결정지어진다는 말이 맞는지 질문했다. 두 명을 제외하고 모두 그렇다고 찬성했다. 물론 이 두 명도 세 살까지가 중요한 역할을 한다는 점은 인정했다.

늑대 무리 속에서 자란 아이는 인간과는 상당히 동떨어진 동물이 되어 있었다. 인간의 독자성에 관해서 조금이라도 공부를 한 사람이라면 인간은 어린 시절의 환경에 결정적으로 영향을 받는다는 사실을 알 것이다.

그럼에도 불구하고 나는 인간에게는 두 번째 생일이 있다고 생각한다. 이 주장에 과학적인 근거는 없다. 그러나 인간은 우리의 이성으로 판단할 수 있을 정도로 단순한 존재가 아니다.

진흙탕 속에서 아름다운 연꽃이 핀다. 그것이 자연이다. 진흙탕 속에서 하얀 연꽃도 피고 두꺼비도 나타난다. 연꽃이 진흙탕에서 피어나는데도 아름답기 때문에 사람들은 연꽃을 더 경건하게 생각하고 사랑하는 것이다.

마찬가지로 고통을 비관적으로만 보면 앞으로 나아갈 수 없다.

나는 나로서
살아간다

자연은 인간의 이성을 초월한 것이다. 이렇게 생각하면 아무리 고통스러워도 앞으로 나아갈 수 있다.

당신은 문제가 있는 환경에서 태어났다. 그렇다고 해서 죽을 때까지 불행해도 좋은가? 죽을 때까지 사람들을 원망하다가 지옥 같은 환경에서 죽어도 좋은가?

여론조사 잡지 〈월드 오피니언 업데이트〉 2006년 9월 10일자에 독일인이 프로이트를 어느 정도로 믿고 있는지와 관련된 내용이 실렸다. 정신분석 이론을 발전시킨 프로이트는 사람들의 행동이나 말은 대부분 잠재의식에 근거를 두고 있으며 좀처럼 컨트롤하기 어렵다고 확신하고 있었음을 설명한 뒤, 다음과 같은 질문을 던진 것이다.

"당신은 사람들의 행동이나 말이 잠재의식에서 나온다고 믿고 있습니까?"

독일의 여론조사 전문 연구소인 알렌스바흐Allensbach에서 실시한 이 조사에 2,099명이 응답했다. '그렇게 믿는다'는 응답이 21% 이고, '잘 모르겠다'가 26%이고, '그렇게 생각하지 않는다'가 53% 였다. 여론조사에 대답한 사람들이 모두 프로이트를 올바르게 이해하고 있다고는 생각할 수 없다. 어쨌든 이런 숫자가 나온 것은 종교적 영향이 크다고도 볼 수 있다.

우울한 감정에 빠져 고민하고 있는 사람은 어머니를 원하지만 어머니다운 존재를 만날 수 없기 때문에 더 괴로워한다. 그것은 어쩔 수 없는 일이다. 자신의 운명이니까.

"나는 나로서 살아간다."

이런 강인한 정신이 없으면 살아갈 수 없다. 이런 강인함이 있으면 열중하고 집중할 수 있는 대상을 발견할 수 있고, 그것이 그 사람을 '보살펴 주는 어머니'가 된다. 현실적인 어머니만이 어머니가 아니다. 괴로울 때 바이올린을 켜는 사람이 있다면 그 사람에게는 바이올린이 어머니다. 괴로울 때 독서를 하는 사람이 있다면 그 사람에게는 독서가 어머니다. 괴로울 때 밤하늘을 올려다보는 사람이 있다면 그 사람에게는 밤하늘이 어머니다. 괴로울 때 절에 가는 사람이 있다면 그 사람에게는 절이 어머니다.

사람들과의 심리적 유대관계를 형성하는 것은 물질이 아니다. 순수한 마음으로 친해질 수 있는 사람을 발견해야 한다. 그렇게 해야 '진심으로 자신을 보살펴주는 어머니'를 찾을 수 있다.

| 마 치 고 나 서 |

2005년에 미국을 습격한 초대형 허리케인 카트리나Katrina는 남동부 여러 지역에 막대한 피해를 입혔다. 피해를 입은 사람들은 물질적인 것뿐 아니라 심리적으로도 극심한 고통에 빠졌다. 심리적으로 재기할 수 없는 사람도 있었다. 갤럽 여론조사에서 실시한 피해자 조사에 의하면 심한 수면 장애에 빠진 사람이 38%에 이른다. 반대로 영향을 거의 받지 않았다는 사람도 역시 38%다. 우울한 기분에 빠진 사람은 35%이고, 그렇지 않다고 대답한 사람이 36%다. 어쨌든 심리적인 충격이 불안을 느끼거나 우울한 기분을 느끼거나 밤에 잠을 잘 수 없는 형태로 드러난 것은 분명한 사실이다. 그렇게 심리적으로 힘든 시기에 사람들은 무엇의 도움을 받았을까?

가장 많은 응답이 가족이었다. 전체 응답의 37%였다. 가족은 심리적으로 의지할 수 있는 중요한 대상임이 분명하다.

다음으로 많이 의지한 것은 신앙이다. 신에게 의지했다는 응답이 전체의 27%였다. 신앙이야말로 심리적으로 위기에 처했을 때 마음의 지주가 될 수 있다는 사실을 잘 나타내고 있다. 그다음이 이웃 사람이나 지역 사회, 친구로 각각 8%였다. 권력, 돈, 명성은 1%도 없었다. 물론 '기타' 항목 21% 안에 들어 있을지도 모르겠다.

진정한 마음의 지주는 사람들과의 관계나 신앙에서 찾을 수 있다. 사람들과의 관계는 이해관계가 아니라 마음이 통하는 관계다. 그런 마음의 지주를 가지고 있는 사람은 감정적으로 힘든 일을 만났을 때 더

242

강해질 수 있다.

충분한 시간을 들여 이런 '마음의 지주'를 만들어야 한다. 지금 심리적으로 괴로운 상태이고 마음의 지주가 없는 사람이라면 지금까지 마음의 지주를 만들 수 없는 생활을 해온 것이다. 그것은 어쩔 수 없는 일이다. 중요한 것은 "나에게는 나름대로 행복한 삶이었다."고 받아들이는 태도다. 과거를 한탄하면 내일의 고민을 만들 뿐이다. 그래서 정신과 의사 베란 울프도 "고민은 어제의 사건이 아니다."라고 말한 것이다. 인생은 시련의 연속이다. 그러나 마음의 지주가 있으면 얼마든지 뛰어넘을 수 있다. 시련이 발생할 때마다 마음의 지주가 강화될 수 있는 삶을 살아야 한다. 그런 삶은 행복을 안겨준다.

'시련과 행복은 세트'라는 각오를 하고 있는 사람이어야 인생에 풍부한 행복이 찾아온다. 괴롭고 고통스러울 때에는 "현재의 고통은 큰 즐거움으로 이어지기 위한 통과점이야."라고 생각해야 한다. "또 힘든 일이 발생했어."라는 기분이 들 때에는 "이 앞에는 더 큰 행복이 있을 거야."라고 생각하면 된다. 마음의 지주가 있으면 인생을 얼마든지 헤쳐 나갈 수 있다. 고민하지 않는 사람이기를 바라지 말고 고민을 정리하고 완화시킬 수 있는 사람이 되기 위해 노력해야 한다.

이 세상에 인간으로 태어나 고민이 없는 사람이 되기를 바란다는 것은 무리다. 하지만 마음의 지주를 얻는 것으로 고민을 정리하고 완화시키는 것은 가능하다.

가토 다이조

| 주 |

1. Fromm, Erich, *The Heart Of Man*(New York: Harper & Row Publisher, 1964),『悪について』, 鈴木重吉 訳(紀伊國屋書店, 1965), p.127.

2. 위의 책, p.124.

3. 위의 책, p.126.

4. 위의 책, p.127.

5. 위의 책, p.127.

6. 위의 책, pp.127~128.

7. 2000년 5월 24일.

8. Fromm, Erich, *The Heart Of Man*(New York: Harper & Row Publisher, 1964),『悪について』, 鈴木重吉 訳(紀伊國屋書店, 1965), p.130.

9. 위의 책, p.130.

10. Fromm, Erich, *The Art Of Loving*(Harper & Row Publisher, Inc, 1956),『愛するということ』, 懸田克躬 訳(紀伊國屋書店, 1959), p.54.

11. 위의 책, p.54.

12. Fromm, Erich, *The Heart Of Man*(New York: Harper & Row Publisher, 1964),『悪について』, 鈴木重吉 訳(紀伊國屋書店, 1965), p.139.

13. Beck, Aaron T., *Depression*(University of Pennsylvania Press, 1979), p.27.

14. Fromm, Erich, *The Heart Of Man*(New York: Harper & Row Publisher, 1964),『悪について』, 鈴木重吉 訳(紀伊國屋書店, 1965), p.139.

15. 위의 책, p.132.

16. 위의 책, p.132.

17. 위의 책, pp.132~133.

18. 위의 책, p.133.

19. 위의 책, p.133.

20. 위의 책, p.132.

21. 위의 책, p.133.

22. 위의 책, p.133.

23. 위의 책, p.133.

24. 위의 책, p.133.

25. 위의 책, p.136.

26. 위의 책, p.139.

27. 위의 책, p.139.

28. 위의 책, p.140.

29. 위의 책, p.140.

30. 위의 책, p.140.

31. Fromm-Reichmann, Frieda, *Psychoanalysis and Psychotherapy*(University of Chicago Press, 1959), 『人間関係の病理学』, 早坂泰次郎 訳(誠信書房, 1963), p. 299.

32. Allport, Gordon W., *The Nature of Prejudice*(Doubleday Anchor Books, 1958), 『偏見の心理』下巻, 原谷達夫, 野村昭 共訳(培風館, 1961), p.134.

33. McGinnis, Alan Loy, *Confidence*(Augsburg Publishing House, 1987), 加藤諦三 訳, 『自信こそは』(フォー・ユー, 1988), p.118.

34. Seabury, David, *How to Worry Sucessfully*(Halcyon House, 1947), 『心の悩みがとれる』, 加藤諦三 訳(三笠書房, 1983), p.154.

35. Goleman, Daniel, *Emotional Intelligence*(Bantam Books, 1995), 『EQ』, 土屋京子 訳(講談社, 1996), p.221.

36. 위의 책, p.292.

37. 위의 책, p.292.

38. 위의 책, p.292.

39. 위의 책, p.292.

그림 이재삼

강원도 영월에서 태어나 유년기와 청소년기를 동강줄기와 나무숲을 곁에 두고 성장했다. 대학 시절에는 미술은 배우거나 가르쳐서 작가로 존재하는 것이 아님을 알게 되었으며 대학원 수료 후에는 미술계에도 정치판, 사회판이 존재하므로 이 울타리를 넘어서서 초연해야 됨을 깨닫게 된다. 이후 젊은 날 "이 땅에서 '작가처럼'이 아닌 '작가로' 산다는 게 무엇인가?"라는 영민함이 항상 마음 한구석에 자리하게 된다. 30대 끝자락에 작가는 혼자 노는 법에 통달하는 사람, 그림을 통해서 철들어가는 사람임을 마음속 깊이 품으면서 '현대contemporary가 원하는 그림'이 아닌 '현재present가 간과하고 있는 그림'으로 그리기의 지향점을 세운다. 50줄이 넘어서 나무를 태운 사리인 목탄으로 달빛과 응달에 대한 그늘, 그리고 그림자를 추적하며 음을 예찬하는 그림, 구차한 말이 필요 없는 그림을 그리고 있다.

국립강릉대학교 미술학과에서 서양화를 전공하고, 홍익대학교 대학원 서양화과를 졸업, 1988년부터 아트사이드갤러리, 이영미술관, 포스코미술관, 스페이스K 등에서 24회 기획초대 개인전을 열었고, 국립현대미술관 서울관 개관 1주년 기념 〈정원〉전, 크리스티 아시안 컨템포러리아트 등 400여 회의 국내외 단체전에 참여했다. 1983년 청년미술대상전 우수상, 1988년 중앙미술대전 장려상을 수상했으며, 2000년 올해의 한국미술선에 선정되었다.

2006~2008년 가나아트센터 장흥아트파크 아뜰리에 레지던시, 2003~2005년 이영미술관 아트스튜디오 레지던시로 있었다. 국립현대미술관, 국립현대미술관 미술은행, 서울시립미술관, 경기도미술관, 이영미술관, 한국야쿠르트, 강릉시청청사, 하나은행, 나이키청도연구소, ㈜코오롱본사, 골프존, 청남대역사박물관 등에서 작품을 소장하고 있다.

현재 경기도 양평 작업실에서 스스로에게 고용된 월급 없는 직장인이다.

www.facebook.com/jaesam.lee
www.leejaesam.com

자립과 의존의 심리학

내가 지금 이럴 때가 아닌데

초판 1쇄 발행 2015년 7월 13일
초판 3쇄 발행 2016년 4월 25일

지은이 | 가토 다이조
옮긴이 | 이정환
그린이 | 이재삼
펴낸이 | 한순 이희섭
펴낸곳 | (주) 도서출판 나무생각
편집 | 양미애 양예주
디자인 | 오은영
마케팅 | 박용상 이재석
출판등록 | 1999년 8월 19일 제1999-000112호
주소 | 서울특별시 마포구 월드컵로 70-4(서교동) 1F
전화 | 02) 334-3339, 3308, 3361
팩스 | 02) 334-3318
이메일 | tree3339@hanmail.net
홈페이지 | www.namubook.co.kr
트위터 ID | @namubook

ISBN 979-11-955094-9-2 03180

값은 뒤표지에 있습니다.
잘못된 책은 바꿔 드립니다.

국립중앙도서관 출판예정도서목록(CIP)

내가 지금 이럴 때가 아닌데 / 지은이: 가토 다이조 ; 옮긴
이: 이정환. — 서울 : 나무생각, 2015
    p. ;   cm

원표제: 自立と依存の心理 : 本当の「心の支え」を見つける
には
원저자명: 加藤諦三
일본어 원작을 한국어로 번역
ISBN 979-11-955094-9-2 03180 : ₩13800

자립[自立]
자기 관리[自己管理]

189-KDC6
158-DDC23   CIP2015017207